MERIAN *live!*

W0109801

STRASSBURG

Volker Knopf lebt in Karlsruhe, gerade mal 50 Autominuten von Straßburg entfernt. Er schreibt als freier Journalist für diverse Tageszeitungen über das Elsass und Lothringen. Über Ostfrankreich hat er bereits drei Reiseführer veröffentlicht.

 Familientipps   FotoTipp

 Barrierefreie Unterkünfte   Faltkarte

 Umweltbewusst Reisen

Preise für ein Doppelzimmer
mit Frühstück:

€€€€ ab 160 €   €€€ ab 120 €
€€ ab 80 €   € bis 80 €

Preise für ein dreigängiges Menü
ohne Getränke:

€€€€ ab 70 €   €€€ ab 40 €
€€ ab 30 €   € bis 30 €

INHALT

◄ Auf der Place Kléber (► S. 76) steht ein
Denkmal zu Ehren des Namensgebers.

Es ist Hochsommer auf der Place Broglie. Auf den Stufen der Rhein-Oper genießen die Menschen einen Café au lait. Im Schatten der Platanen des Straßburger Paradeplatzes bieten Händler auf dem Wochenmarkt ihre Waren feil: »foie gras«, Konfitüre »fait maison« oder leckere Tartes. Savoir-vivre pur.

Ortswechsel: Vor dem Münster, einst höchstes Bauwerk der Christenheit, staunen Besuchergruppen. Maler warten mit ihren Staffeleien auf der Place de Cathédrale auf Besucher, die sich porträtieren lassen möchten. Ein Hauch von Montmartre weht durch die Europa-Metropole. In der Nähe geht es auf Kopfsteinpflaster durch »La Petite France«. Fachwerk-Romantik und Renaissance-Bauten nehmen die Besucher mit auf eine Reise durch das einstige Armeleute-viertel, das dank der Ill-Arme einen Hauch von Klein-Venedig versprüht. Nach einem Rundgang oder einer Bootsfahrt warten traditionelle elsässische Speisen oder feine französische Küche.

Genuss zu jeder Jahreszeit

Zeitenwechsel: Es ist Dezember. Vor dem mächtigen Münster locken herrlich geschmückte Buden auf den »Christkindelsmärik«, den berühmten Straßburger Weihnachtsmarkt (den ältesten der Stadt auf der Place

◄ Der Cafébesuch auf einem der Plätze in La Petite France (▶ MERIAN TopTen, S. 96) ist Teil des Savoir-vivre.

Broglie gibt es seit sage und schreibe 1570). Der Duft von »Anisbredle«, »vin chaud« und Maronen erfüllt die kalte Winterluft. Viele der historischen Bauten sind prächtig illuminiert. Es heißt nicht zu Unrecht, der Straßburger Weihnachtsmarkt sei der stimmungsvollste Frankreichs.

Es sind die vielen Facetten, die Straßburg zu einem ganz besonderen Reiseziel machen – in den warmen Sommermonaten wie im frostigen Winter. Und da die meisten Sehenswürdigkeiten recht nah beieinander liegen und fußläufig zu erreichen sind, lässt sich die so geschichtsträchtige Stadt ganz entspannt entdecken.

Stadt voller Historie

Nicht zufällig ist die von Wasser umgebene Grande Île heute UNESCO-Weltkulturerbe. Geschichte begegnet einem in der einstigen Reichsstadt auf Schritt und Tritt. Gutenberg zum Beispiel machte die Stadt dank der Druckerpresse zu einem Zentrum der Reformation, 1605 erschien hier die erste gedruckte Zeitung der Welt, und Rouget de Lisle komponierte in Straßburg die französische Nationalhymne, die »Marseillaise«. Natürlich ist mit der besonderen geografischen Lage der Stadt am Oberrhein, zwischen romanischer und germanischer Kultur, auch ihr tragisches Schicksal verbunden. Nicht weniger als vier Mal wechselten die Elsässer gezwungenermaßen ihre Staatsbürgerschaft, aufgerieben zwischen Frankreich und Deutschland. Nichts bringt dies besser zum Ausdruck als das Monument aux Morts auf der Place de la République. Eine Mutter, die um ihre beiden Söhne weint – der eine für Deutschland, der andere für Frankreich gefallen.

Stadt der Europäer

Im Hier und Heute steht die Stadt vor allem für eines: die europäische Integration. Gemeinsam mit Brüssel gilt Straßburg mit seinen Institutionen im Europaviertel als Hauptstadt der Europäischen Union. Zudem ist die Stadt Teil des grenzüberschreitenden Zweckverbandes Strasbourg-Ortenau und der Trinationalen Metropolregion Oberrhein, die neben Baden sogar die Region Basel umfasst. Es sind eben diese Faktoren, die den Reiz Straßburgs ausmachen: die besondere geografische Lage, die reiche Geschichte und die Rolle in der europäischen Politik. Zudem hat die Kultur einen hohen Stellenwert. Hochkarätige Ensembles in der Opéra National, cooler Rock in der Laiterie oder elsässisches Mundart-Theater in der Choucrouterie. Straßburg ist eine Festivalstadt, irgendetwas wird ab dem Frühling immer geboten. Ganz nebenbei lässt sich hier auch wunderbar shoppen: Denn die Geschäfte sind meist stilvoll in Szene gesetzt. Und: Wer des Französischen nicht mächtig ist, kommt auch mit Deutsch relativ weit. Ein paar Brocken spricht fast jeder. Speziell ältere Straßburger haben Elsässisch, also die alemannische Mundart, noch in petto. Steht zu hoffen, dass es auch künftigen Generationen so geht wie dem Star-Fußballtrainer des FC Arsenal, Arsène Wenger, einem gebürtigen Elsässer. Der sagte einmal: »Einer der glücklichsten Zufälle meines Lebens war der zweisprachige Einfluss im Elsass.«

MERIAN TopTen

MERIAN zeigt Ihnen die Höhepunkte der Stadt: Das sollten Sie sich bei Ihrem Besuch in Straßburg nicht entgehen lassen.

Straßburg bietet viele Sehenswürdigkeiten, die dicht beieinander liegen und zu Fuß gut zu erreichen sind. Das Münster ist meist eines der ersten Ziele, vis-à-vis davon liegt das prächtige Palais Rohan, das gleich drei bedeutende Museen beherbergt. Auch das malerische Viertel La Petite France ist nicht fern. Etwas nordöstlich des Zentrums schließlich liegt das Europaviertel mit den großen Institutionen der Europäischen Union.

MERIAN TopTen 360°

Damit Sie sich vor Ort schneller orientieren können, finden Sie zu ausgewählten MERIAN TopTen auf den folgenden Seiten Umgebungskarten mit Restaurant-, Einkaufsempfehlungen und Tipps für weitere Sehenswürdigkeiten.

Bootstour auf der Ill
Panorama-Flussfahrt rund um die Altstadt und vorbei am Europaviertel mit Batorama (▸ S. 51).

 Barrage Vauban und Ponts Couverts
Jahrhundertealtes Wehr und historische Türme an der einstigen Stadtmauer (▸ S. 58).

 Cathédrale Notre-Dame (Münster)
Ein Meisterwerk gotischer Baukunst aus rosa Sandstein und mit reichem Skulpturenschmuck (▸ S. 59).

 Palais Rohan
Gleich drei Museen sind im Palais gegenüber dem Münster untergebracht (▸ S. 74).

 Parc du Contades
Grünes Parkidyll bei der Friedenssynagoge (▸ S. 75).

 Quartier Allemand
Repräsentative Prachtbauten aus der deutschen Kaiserzeit (▸ S. 76).

 Weihnachtsmärkte
In Straßburg gibt es bereits seit 1570 einen Weihnachtsmarkt (▸ S. 79).

 Musée Alsacien
Regionale Historie, präsentiert in schönem alten Fachwerk-Ensemble (▸ S. 83).

Musée Tomi Ungerer
Museum, das ganz dem bekannten elsässischen Karikaturisten gewidmet ist (▸ S. 86).

La Petite France
Klein-Venedig entlang der Flussarme der Ill (▸ S. 96).

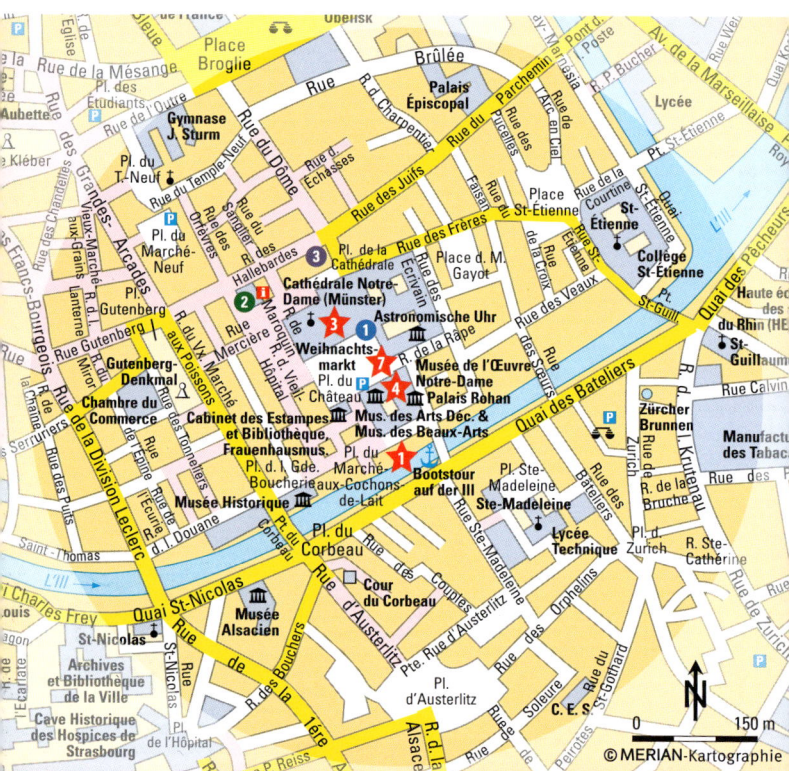

© MERIAN-Kartographie

360° Im Schatten des Münsters

MERIAN TopTen

1 Bootstour auf der Ill
Entspannt lernt man Straßburg bei einer Bootsfahrt auf der Ill um die Altstadt und zum Europaviertel kennen (▸ S. 51).
Place du Marché aux Poissons

3 Cathédrale Notre-Dame (Münster)
An dem Meisterwerk der Gotik, das sich aus dem mittelalterlichen Häusergewirr der Altstadt erhebt, wurde mehrere Jahrhunderte gebaut. Einst war es das größte Bauwerk der Christenheit. Von oben bietet sich ein fantastischer Blick über die Stadt (▸ S. 59).
Place de la Cathédrale

4 Palais Rohan
Die frühere erzbischöfliche, barocke Residenz nahe dem Münster beherbergt heute das Archäologische Museum, das Museum für bildende Künste und das Kunstgewerbemuseum (▸ S. 74).
2, place du Château

Weihnachtsmärkte
Gleich mehrere Weihnachtsmärkte machen Straßburg zur »Capitale de Noël«. Einer davon findet am Münster statt (▸ S. 79).
Place de la Cathédrale

SEHENSWERTES

Astronomische Uhr
Das feinmechanische Wunderwerk aus der Renaissance bietet jeden Tag aufs Neue ein Figurenschauspiel (▸ S. 61).
Place de la Cathédrale

ESSEN UND TRINKEN

Maison Kammerzell
Im ältesten Fachwerkgebäude der Stadt befindet sich ein Restaurant, in dem man hervorragend speisen kann (▸ S. 30).
16, place de la Cathédrale

EINKAUFEN

Baccarat Cristallerie
Hier finden Sie erlesene Kristallkunst aus der lothringischen Traditionsmanufaktur (▸ S. 43).
44, rue des Hallebardes

360° Im Herzen des Gerberviertels

MERIAN TopTen

⭐2 Barrage Vauban und Ponts Couverts

Die alten Wehrtürme und die gedeckten Brücken bilden ein stimmiges Ensemble. Auf dem Wehr befindet sich eine herrliche Aussichtsplattform (▶ S. 58).
Place du Quartier Blanc • Place Henri Dunant

⭐10 La Petite France

Ein Hauch von Venedig verströmt dieses malerische Altstadt-

viertel entlang der Ill-Arme. Hier kann man sich auf eine Zeitreise in die Historie des einstigen Gerberviertels mit seiner Fachwerk-Romantik begeben (▶ S. 96).

SEHENSWERTES

❶ Drehbrücke

Ein ungewöhnliches technisches Relikt von 1880. Um die Schifffahrt auf der Ill zu ermöglichen, wird die Brücke geschwenkt (▶ S. 64).
Rue des Moulins

Musée d'Art Moderne

Das Museum für moderne und zeitgenössische Kunst ist in einem spektakulären verglasten Bauwerk untergebracht (▶ S. 84).
1, place Hans Jean Arp

ESSEN UND TRINKEN

Au Petit Bois Vert

Das Restaurant in traumhafter Lage an der Ill ist der ideale Platz, um klassische elsässische Küche zu genießen (▶ S. 30).
2, quai de la Bruche

Maison des Tanneurs

In der traditionsreichen Gaststätte empfangen Sie freundliche Atmosphäre und elsässische Küche im Fachwerkhaus (▶ S. 30).
42, rue du Bain-aux-Plantes

EINKAUFEN

Artal Souvenirs

Töpferwaren aus Soufflenheim gibt es hier ebenso wie elsässische Spezialitäten und typische Souvenirs (▶ S. 45).
31, rue du Bain-aux-Plantes

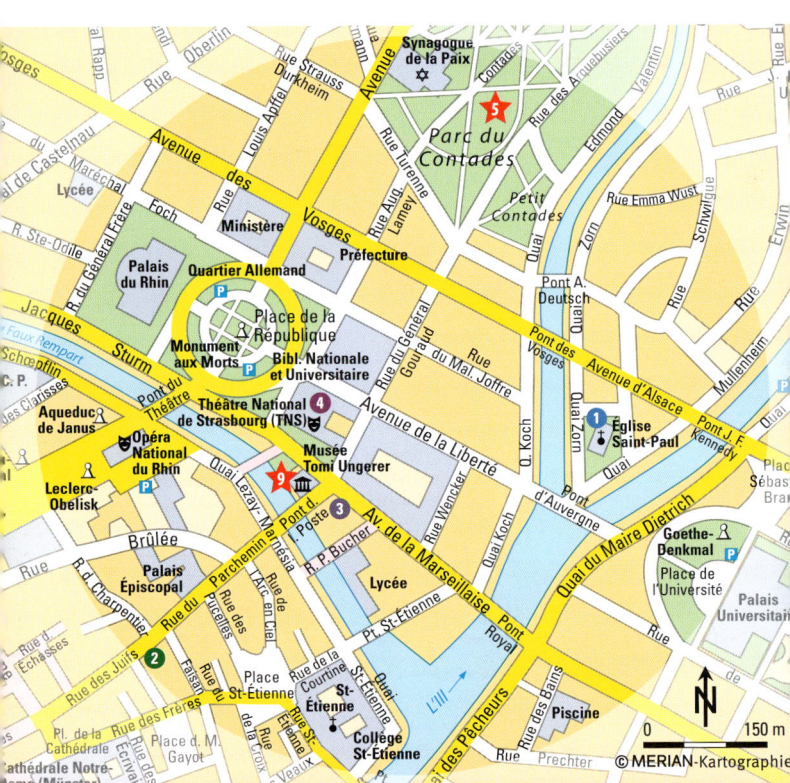

© MERIAN-Kartographie

360° Um den Parc du Contades

MERIAN TopTen

5 Parc du Contades

Der nette, von vielen Linden bestandene Park ist eine Oase der Ruhe mitten in der Stadt und braucht den Vergleich mit dem größeren Parc de l'Orangerie nicht zu scheuen (▸ S. 75).

Avenue de la Paix

9 Musée Tomi Ungerer

In der Villa Greiner ist dem bekannten elsässischen Illustrator, Zeichner und Karikaturisten als erstem lebenden Künstler ein eigenes Museum gewidmet. Viele seiner humorig-bissigen Werke sind hier zu sehen (▸ S. 86).

2, avenue de la Marseillaise

SEHENSWERTES

1 Église Saint-Paul

Die neugotische Kirche vom Ende des 19. Jh., der zweithöchste Sakralbau der Stadt, nimmt einen spektakulären Platz auf einer Landspitze an der Ill ein (▸ S. 93).

1, place du Général Eisenhower

ESSEN UND TRINKEN

2 La Casserole / Girardin
Das seit 2008 mit einem Michelin-Stern ausgezeichnete Restaurant von Chefkoch Éric Girardin steht für feinste elsässische und französische Küche (▸ S. 33).
24, rue des Juifs

EINKAUFEN

3 Ultra Orange
Die schicke Boutique hat sich auf poppig-lässige Kleidung und Accessoires im angesagten Retro-Look der 1960er-Jahre spezialisiert und ist ein Tipp für alle, die ausgefallene Geschenke suchen (▸ S. 44).
8, avenue de la Marseillaise

AM ABEND

4 Théâtre National de Strasbourg (TNS)
Vier Bühnen unter einem Dach sorgen für ein abwechslungsreiches Programm, das von modernen Klassikern bis zu zeitgenössischen Neuentdeckungen reicht (▸ S. 49).
1, avenue de la Marseillaise

© MERIAN-Kartographie

360° Im Quartier Allemand

MERIAN TopTen

6 Quartier Allemand
Wilhelminische Prachtbauten zeugen vom deutschen Erbe im »Kaiserviertel« (▶ S. 76).
Rund um die Place de la République

SEHENSWERTES

1 Monument aux Morts
Das Denkmal der trauernden Mutter symbolisiert die elsässische Zerrissenheit zwischen Frankreich und Deutschland (▶ S. 77).
Place de la République

2 Palais du Rhin
Der ehemalige Kaiserpalast aus wilhelminischer Zeit ist ein beeindruckendes Gebäude im Stil der Neorenaissance (▶ S. 78).
2, place de la République

ESSEN UND TRINKEN

3 L'Amuse Bouche
Am Rand des Parc du Contades können Sie sich von feiner französischer und elsässischer Küche verwöhnen lassen (▶ S. 30).
3, rue Turenne

4 **Le Pont des Vosges**
Auch bei Künstlern ist die authentische elsässische Küche des Restaurants in gemütlichem Brasserie-Stil beliebt (▸ S. 29).
15, quai Koch

EINKAUFEN
5 **Fanfreluches & Colifichets**
Stylishe Mode und Accessoires für Hipster und Trendsetter. Textilien, Schmuck, Taschen in nettem Ambiente (▸ S. 44).
27, rue Brûlée

6 **Marché Place Broglie**
Auf dem Markt, abgehalten auf dem einstigen Paradeplatz, bekommt man alles von Oliven über Tartes bis zu Bekleidung (▸ S. 44).
Place Broglie

AM ABEND
7 **Opéra National du Rhin**
Das renommierte Haus zeigt Opern-, Tanz- und Musikproduktionen auf hohem Niveau und hat dazu ein nettes Opern-Café (▸ S. 49).
19, place Broglie

360º Entlang der Ill

MERIAN TopTen

⑧ Musée Alsacien
In dem Museum an der Ill erfährt man viel über das bäuerliche Leben und die Volksfrömmigkeit der Elsässer in früheren Jahrhunderten (▶ S. 83).
23–25, quai Saint-Nicolas

SEHENSWERTES

① Cour du Corbeau
In dem malerischen Fachwerk-Ensemble um einen Innenhof befand sich mehrere Jahrhunderte

lang eine Herberge, in der selbst gekrönte Häupter nächtigten, dann fiel der »Rabenhof« in einen Dornröschenschlaf, bis er restauriert und in ein luxuriöses Hotel verwandelt wurde (▶ S. 64).
1, place du Corbeau

ESSEN UND TRINKEN

② L'Ancienne Douane
Im alten Zollhaus aus dem Jahr 1358 kann man elsässische Küche in rustikaler Atmosphäre genießen – im Sommer aber am

schönsten draußen auf der Terrasse über der Ill mit Blick auf den Fluss und die vorbeifahrenden Ausflugsschiffe (▸ S. 31).
6, rue de la Douane

3 **Le Bistrot des Arts**
In dem netten Restaurant am Ill-Ufer bietet Patronin Valérie Boulanger französische Küche in schickem Ambiente und legt dabei besonderen Wert auf saisonale Produkte (▸ S. 34).
10, quai des Pêcheurs

EINKAUFEN

4 **Ville et Campagne**
Das Antiquitätengeschäft lädt zum Stöbern nach unbekannten Schätzen ein (▸ S. 38).
23, quai des Bateliers

AM ABEND

5 **Théâtre de la Choucrouterie**
Das Theater in einer alten Sauerkrautfabrik zeigt elsässisches, französisches und deutsches Theater (▸ MERIAN Tipp, S. 20).
20, rue Saint-Louis

MERIAN Tipps

Mit MERIAN mehr erleben. Nehmen Sie teil am Leben der Stadt und entdecken Sie Straßburg, wie es nur Einheimische kennen.

1 **Brasserie Les Haras** 📖 C 5
2013 öffnete die Brasserie des gleichnamigen Hotels südlich der Ill. Das Restaurant-Konzept mit kleiner, aber feiner Karte wurde von Sternekoch Marc Haeberlin konzipiert und international ausgezeichnet. Nachdem man einen schönen Innenhof durchschritten hat, geht es auf einer imposanten Treppe hoch in die Brasserie – das Gebäude war früher einmal das nationale Reitgestüt, das Ambiente in dem historischen Gemäuer ist überaus schick. Elsässische und feine französische Küche erwarten den Gourmet.
Finkwiller • 23, rue des Glacières • Tel. 03 88 24 00 00 • www.les-haras-brasserie.com • Mo–Sa 12–14, So bis 14.30 und Mo–Do 19–22, Fr–So 19–22.30 Uhr • €€€€

Vente à la ferme Riedinger (Spargel) Karte S. 99, östl. c 3

Hoerdt vor den Toren Straßburgs gilt als die Spargel-Hauptstadt Frankreichs. 15 Autominuten entfernt bekommt man bei Thierry Riedinger das »weiße Gold« frisch vom Feld. Der Hofverkauf ist bei Kennern des Königsgemüses beliebt. Riedingers Anbaugebiet ist rund 40 ha groß. Von Anfang April bis Ende Juni geht die Saison in der »Capital de l'asperge«.

Hoerdt • 60, rue de la République • rund 16 km nördlich von Straßburg • Anfahrt über A35 und D37 • Tel. 03 88 68 14 75 • www.ferme-riedinger. com • Hofladen Mo–Fr 8.30–19, Sa 8–17, So und feiertags 9–12 Uhr

 Village de la Bière D 4

Wenn sich jemand mit Gerstensaft auskennt, dann Alain Pesez. Sein Geschäft hat den Fokus ganz auf Bier gerichtet und führt mehr als 400 Biersorten im Sortiment. Schließlich werden zwei Drittel des französischen Biers im Elsass und in Lothringen gebraut. Kronenbourg in Straßburg ist die größte Brauerei des Landes, Meteor in Hochfelden die letzte noch inhabergeführte Traditionsbrauerei im Elsass.

Centre • 22, rue des Frères • Tel. 03 88 36 90 04 • Di–Sa 10–12, 14.30–19.30 Uhr

 Chocolatier Jacques Bockel D 4

Seit mehr als 30 Jahren bringt die Koryphäe in Sachen Schokolade Jung und Alt in Versuchung. Vielfach prämiert gibt es beim Meister Praliné-Tafeln mit Mandeln und handgeschöpftem Meersalz. Auch Schokolade für Diabetiker bietet er an. Das zauberhaft eingerichtete Geschäft ist ein Traum für Liebhaber hochwertiger Schokolade und anderer Leckereien auf Kakaobasis.

Centre • 10, rue du Vieux Marché aux Poissons • Tel. 03 90 22 17 47 • www.planet-chocolate.com • Di–Sa 10–12.30, 13.30–19 Uhr

 Trödelmärkte

C 3/4, D 4, nördl. F 1

Für Freunde des gehobenen Trödels und von Antiquitäten sind die Märkte in Straßburg eine wahre Fundgrube, quellen sie doch über vor historischen Objekten und kuriosen Gegenständen. Zusätzlich zu den wöchentlichen, meist das ganze Jahr über stattfindenden Märkten werden auch auf dem Messegelände in Wacken Antiquitätenmärkte abgehalten (mehrmals im Jahr, immer sonntags, Termine beim Office de Tourisme ► S. 117).

U. a. Place Kléber (Bücher, Poster, Plakate, Di, Mi, Sa 9–18 Uhr), Place de la Grande Boucherie (Antiquitäten, Mi, Sa 9–18 Uhr) und Parc des Expositions Wacken (Antiquitäten)

6 Théâtre de la Choucrouterie C 5

Das Theater ist eine Institution elsässischer Mundart ohne jeden Anflug weinseliger Folklore. Theatermacher, Sänger und Kabarettist Roger Siffer ist der Grandseigneur dieser Einrichtung, die in einer ehemaligen Sauerkrautfabrik nahe dem Krankenhaus-Areal untergebracht ist. Daher auch der Name (»choucroute« = Sauerkraut). Neben zwei Bühnen (meist wird auf Französisch und Elsässisch gespielt, gelegentlich gibt es aber auch deutsche Produktionen) bietet eine Gaststätte traditionelle Speisen an. Roger Siffer geht es um das Bewahren der elsässischen Kultur und Sprache – und das zumeist mit einem Augenzwinkern.

Finkwiller • 20, rue Saint-Louis • Tel. 03 88 36 07 28 • www.theatre delachouc.com • Karten ab 15 €, erm. ab 11 €

7 Le Vaisseau G 6

»Wissenschaft mit Vergnügen« heißt der Slogan, der hier großgeschrieben wird. Das Museum lädt Kinder (ab 3 Jahre) in die Welt der Wissenschaft ein. Die Ursprünge des Lebens, die Tierwelt, die physikalischen Gesetze und etliches mehr stehen auf dem Programm der Dauerausstellungen. Spielerisch taucht man in die Welt der Wissenschaft ein. Didaktisch sehr gut gemacht. Alles kann man anfassen, selbst betätigen und erfahren. Die interaktiven Experimentierstationen wecken spielerisch den Forschergeist. 2014 wurde das Museum modernisiert.

Neudorf • 1 bis, rue Philippe Dollinger • Tram C, E: Winston Churchill • Tel. 03 69 33 26 69 • www.levaisseau. com • Di–So und feiertags 10–18 Uhr, letzter Einlass 17 Uhr • Eintritt 8 €, Kinder und Jugendliche bis 18 Jahre 7 €, Familienpass (4 Personen) 25 €

Cave Historique des Hospices   📖 C 5

Ein eigener Weinkeller im Krankenhaus? In Straßburg gibt es das, und zwar bereits seit 1395. Der Rebensaft galt einst als wahre Medizin. In einem der Eichenfässer lagert sogar ein Weißwein von 1472. Die Patienten zahlten meist in Naturalien, oft mit Reben. Selbst Leichen wurden in dem Gewölbekeller einst seziert. 1716 brannte das Hospital ab, der Keller jedoch konnte gerettet werden. Bei einer geführten Tour erfährt man viele kuriose Anekdoten. Und natürlich kann man Wein verkosten und kaufen.

Finkwiller • 1, place de Hôpital • Tram: Porte de Hôpital • Tel. 03 88 11 64 27 • www.vins-des-hospices-de-strasbourg.fr • Mo–Fr 8.30–12, 13.30–17.30, Sa 9–12.30 Uhr • Eintritt frei, Führung mit Weinverkostung nur auf Anfrage

Château Musée Vodou (Voodoo-Museum)   📖 A 4

Jüngstes Kind der Straßburger Museumslandschaft ist dieses Museum in einem denkmalgeschützten Wasserturm in der Nähe des Hauptbahnhofs. Das französische koloniale Erbe in Afrika und Voodoo-Rituale stehen hier im Fokus. Affenschädel, Ziegenknochen und etliche obskure Fetischobjekte bekommt der Besucher zu sehen. Marc Abrogast, Ex-Besitzer der Brauerei Fischer-Adelshoffen, investierte rund 2 Mio. € in dieses außergewöhnliche Museum. 220 Objekte aus Westafrika hat er dafür gesammelt.

Gare • 4, rue de Koenigshoffen • Tram B, F: Musée d'Art Moderne

(7 Min. zu Fuß) • Tel. 03 88 36 15 03 • www.chateau-vodou.com • Fr, Sa 10–22, So 11–18 Uhr. • Eintritt 14 €, erm. 8 €

Boulangerie Rohmer Rosheim   Karte S. 99, b 4

Die älteste Bäckerei Frankreichs befindet sich seit 1602 in Familienhand. Nadine Rohmer ist schon in 16. Generation in ihrem Metier tätig und sieht sich als Bewahrerin des traditionsreichen Handwerks. In dem pittoresken Städtchen Rosheim, eine halbe Stunde Autofahrt von Straßburg entfernt, befindet sich die Bäckerei nahe dem historischen Stadttor. Die lokale Spezialität: »Ropfkueche«, ein Kuchen aus Briocheteig mit Nüssen. Das romanische Städtchen ist an sich schon eine Reise wert und sein Weihnachtsmarkt zählt zu den schönsten im Elsass.

Rosheim • 104, rue du Géneral de Gaulle • Tel. 03 3 88 50 29 95 • www.rohmer-rosheim.fr • 30 km südwestlich von Straßburg • Anfahrt über die A352/D35 • Mo–Sa 6–18.30, So 8–18 Uhr

Rund um die Place de la Cathédrale laden Cafés und Restaurants zum Verweilen ein, z. B mit Blick auf die Maison Kammerzell (▶ S. 73).

Zu Gast in **Straßburg**

Die »Hauptstadt Europas« besticht durch ihre Mischung aus französischem Charme und elsässischer Tradition. Stilvollendeter Chic gehört ebenso dazu wie urgemütlich Rustikales.

Übernachten

Die elsässische Metropole bietet von Fachwerk-Charme in traditionellem Stil bis zu exklusivem, modernem Ambiente für jeden Reisenden die passende Unterkunft.

◂ Zentral und mit Stil übernachtet man im Cour du Corbeau (▸ S. 25).

Wer in die elsässische Metropole reist, sollte bereits im Vorfeld ein Hotel buchen. Straßburg ist beliebt bei Touristen, dies schlägt sich auch in den Übernachtungszahlen nieder. Mehr als 6 Mio. Besucher nächtigen im Schnitt pro Jahr in der Europastadt. Die Hotelpreise sind etwas höher als in Deutschland. Billig-Hotelketten sucht man in Straßburg vergebens, »Gîtes« (einfache private Unterkünfte) findet man eher auf dem Land. Diverse Plattformen im Internet bieten bei Online-Buchung oft Rabatte an, allerdings bekommt man dann nicht unbedingt das beste Zimmer. Das Frühstück fällt in Frankreich meist etwas spartanischer aus als im übrigen Mitteleuropa. Oft wird es extra berechnet und als Buffet angeboten.

Die Not mit den Parkplätzen

Ein Hinweis für Autofahrer: Parkplätze sind in der Altstadt dünn gesät. Nicht jedes Hotel hat eine eigene Parkfläche in der Innenstadt für seine Gäste und verweist dann auf öffentliche Parkplätze in der Nähe.

Preise für ein Doppelzimmer mit Frühstück:
€€€€ ab 160 € €€€ ab 120 €
€€ ab 80 € € bis 80 €

HOTELS €€€€

Cour du Corbeau D 5
Authentische Atmosphäre • Historisches Ambiente wird hier großgeschrieben. Das Hotel ist ein Gebäude aus dem 16. Jh. im typischen elsässischen Fachwerkstil. Eine gelungene Kombination aus Tradition und modernen Stilmitteln. Vor einigen Jahren wurde das Haus komplett renoviert. Hier nächtigten einst Könige und Adlige.
Krutenau • 6–8, rue des Couples • Tel. 03 90 00 26 26 • www.courcorbeau.com • 57 Zimmer • ♿ • €€€€

Le Bouclier d'Or C 4
Reise in die Historie • Sehr schönes Hotel in Petite France, das vor drei Jahren renoviert wurde. Zimmer und Suiten im elsässischen Stil, die einen auf eine Zeitreise in die Vergangenheit mitnehmen. Heimelige Atmosphäre auf luxuriösem Niveau. Es gibt außerdem Zimmer im Renaissance- und Empire-Stil.
Petite France • 1, rue du Bouclier • Tel. 03 88 13 73 55 • www.lebouclierdor.com • 22 Zimmer • €€€€

Les Haras C 5
Außergewöhnliches Interieur • Das Design-Hotel im Gebäude des ehemaligen nationalen Pferdegestüts beweist absolute Stilsicherheit in seiner Kombination aus Historischem und hochmodernem Design und wurde bereits mit Architekturpreisen ausgezeichnet. Versäumen Sie nicht, der hoteleigenen Brasserie (▸ MERIAN Tipp, S. 18) einen Besuch abzustatten.
Finwiller • 23, rue des Glacières • Tel. 03 90 20 50 10 • www.les-haras-hotel.com • 55 Zimmer • €€€€

Régent Petite France C 4
Herrliche Lage • Zentral an den Armen der Ill im Viertel Petite France liegt diese sehr noble Unterkunft. Bei der Gestaltung der Zimmer wurde viel Wert auf Design gelegt. Das Fünfsternehotel ist in dem früheren

Gebäude einer Eisfabrik untergebracht und bietet seinen Gästen einen wunderbaren Ausblick auf die Ill und das einstige Gerberviertel. Zu den Annehmlickeiten zählt auch ein Bereich mit Wellness und Sauna. Petite France • 5, rue des Moulins • Tel. 03 88 76 43 43 • www.regent-petite-france.com • 72 Zimmer (inkl. Suiten) • ♿ • €€€€

HOTELS €€€

Grand Hôtel B 3

Ideal für Bahnreisende • Das klassisch modern eingerichtete Hotel liegt direkt am Hauptbahnhof, wo auch die TGV-Züge halten. Das historische Zentrum liegt nur zehn Minuten zu Fuß entfernt. Schöne, saubere Zimmer und Suiten, freundliches Personal.
Gare • 12, place de la Gare, am Hauptbahnhof • Tel. 03 88 52 84 84 • www.le-grand-hotel.com • 88 Zimmer, 2 Suiten • €€€

Hôtel Beaucour 🍴 D 5

Rustikal und modern • Nettes Hotel mit rustikal eingerichteten Zimmern im elsässischen Stil. Nur wenige Gehminuten vom Münster entfernt kann man hier authentische Atmosphäre schnuppern, ohne auf moderne Annehmlichkeiten zu verzichten. Familienorientiert und zentral.
Krutenau • 5, rue des Bouchers • Tel. 03 88 76 72 00 • www.hotel-beaucour.com • €€€

Hôtel D C 3

Sehr wohnlich • Das moderne Viersternehotel am Rande des historischen Zentrums wurde 2014 eröffnet und ist charmant eingerichtet. Die Zimmer sind großzügig, und es gibt einen Wellnessbereich mit

Sauna und Ruheraum. Hoteleigene Garage. Haustiere sind gestattet.
Centre • 15, rue du Fossé des 13 • Tel. 03 88 15 13 67 • www.hoteld.fr • 34 Zimmer, 3 Suiten • €€€

Hôtel ETC C 4

Gutes Preis-Leistungs-Verhältnis • Das Interieur ist modern, die Farben sind gedeckt und die Atmosphäre ist gemütlich in diesem Hotel im Altstadtkern. Freundliches, aufmerksames Personal.
Centre • 7, rue de la Chaîne • Tel. 03 88 32 66 600 • www.etc-hotel.com • 35 Zimmer • €€€

Maison Rouge C 4

Geschmackssicher • Das Viersternehotel in zentraler Lage in der City ist geschmackvoll und individuell eingerichtet. Die Suiten haben sogar einen Whirlpool. Parken auf öffentlichem Parkplatz an der Place Kléber. WLAN vorhanden.
Centre • 4, rue des Francs-Bourgeois • Tel. 03 88 32 08 60 • www.maison-rouge.com • 140 Zimmer • ♿ • €€€

Sofitel Strasbourg
Grande Île C 3

Nobles Ambiente • Im Fünfsternehotel genießen Sie eleganten Luxus auf der Grand Île im Herzen von Straßburg. Petite France, das Münster und viele andere Sehenswürdigkeiten liegen nur wenige Minuten zu Fuß entfernt. Zu empfehlen ist außerdem das sehr gute hoteleigene Restaurant Goh (Mo–Sa), das französische und mediterrane Küche in modernen Kombinationen serviert.
Centre • 4, place Saint Pierre le Jeune • Tel. 03 88 15 49 00 • www.sofitel.com • 153 Zimmer, 28 Suiten • ♿ • €€€

HOTELS €€

Hôtel Château de Pourtalès nordöstl. H 1

Eine Nacht im Schloss • Etwas außerhalb des Zentrums liegt umgeben von einem schönen Park und prächtigen Alleen das 1750 errichtete Château mit gemütlichen Hotelzimmern in historischem Ambiente.
Robertsau • 161, rue Mélanie •
Tram C bis Observatoire, dann Bus 15 Richtung Robertsau bis Lamproie •
Tel. 03 88 45 84 64 • www.chateaupourtales.eu • 25 Zimmer • €€

Hôtel du Dragon 👭 C 5

Nett und sauber • Familienorientiertes Hotel in zentraler Lage mit freundlichen, hellen Zimmern. Restaurants und Sehenswürdigkeiten sind direkt um die Ecke, dennoch ist es ruhig. Schöner Innenhof.
Finkwiller • 12, rue du Dragon •
Tel. 03 88 35 79 80 • www.dragon.fr •
30 Zimmer • €€

Hôtel Gutenberg C 4

Zentraler geht es kaum • Zweckmäßig und modern eingerichtete Zimmer in historischem Gemäuer mitten in der Altstadt. Das Münster liegt nur wenige Meter entfernt.
Centre • 31, rue des Serruiers •
Tel. 03 88 32 17 15 • www.hotelgutenberg.com • 42 Zimmer • €€

Hôtel Kléber C 3

Individuell • Liebevoll eingerichtete Zimmer in der Fußgängerzone, je nach Farbe mit Namen wie »Fraise« (Erdbeere) oder »Groseille« (Johannisbeere). Frühstück mit Blick auf die Place Kléber und das Münster.
Centre • 29, place Kléber • Tel. 03 88 32 09 53 • www.hotel-kleber.com •
30 Zimmer • €€

Hôtel Suisse D 4

Charmant • Das Hotel nahe dem Münster hat behaglich eingerichtete Zimmer zum Wohlfühlen. Elsässisch und modern zugleich.
Centre • 2/4, rue de la Râpe •
Tel. 03 88 35 22 11 • www.hotelsuisse.com • 25 Zimmer • €€

HOTELS €

Hôtel du Rhin B 3

Einfach und sauber • Preiswerte und ordentliche Unterkunft nur wenige Schritte vom Bahnhof entfernt. Die Zimmer sind schallisoliert und klimatisiert. Spezielle Sonderrabatte je nach Jahreszeit.
7–8, place de la Gare • Tel. 03 88 32 35 00 • www.hotel-du-rhin.com •
30 Zimmer • €

Hôtel Graffalgar B 3

Innovativ • Hier dominieren Pop-Art, Urban Design und Graffiti. Jedes Zimmer ist von einem anderen Künstler gestaltet. Wer das Außergewöhnliche liebt, ist hier richtig. Regelmäßig finden im Foyer Ausstellungen statt. Im hoteleigenen Shop sind die Kunstwerke und Unikate zu erwerben. Nähe Hauptbahnhof.
Gare • 17, rue Déserte • Tel. 03 88 24 98 40 • www.graffalgar-hotelstrasbourg.com • 19 Zimmer • ♿ • €

Royal Lutetia D 2

Solide • Das nette Stadthotel liegt etwas außerhalb des Altstadtkerns im Quartier Allemand nahe dem Parc du Contades. Faires Preis-Leistungs-Verhältnis, kostenloses WLAN. Früher war in dem Gebäude eine Druckerei untergebracht.
Allemand • 2, rue du Général Rapp •
Tel. 03 88 35 20 45 • www.royallutetia.fr • 39 Zimmer • ♿ • €

Essen und Trinken

Straßburg verwöhnt mit einer großen Auswahl an Gourmet-Restaurants, Brasserien und »Winstubs«, die Sie zu deftiger elsässischer Kost oder feiner französischer Küche einladen.

◄ Höchste Genüsse kommen aus Eric Westermanns Küche im Restaurant Buerehiesel (► S. 33).

Wir befinden uns bekanntlich im Land der Feinschmecker. Nach Paris zählt das Elsass zur Region mit den meisten mit Michelin-Sternen dekorierten Restaurants in Frankreich. Schließlich sind hier die Koch-Legenden Émile Jung oder Marc Haeberlin zu Hause. Gourmet-Restaurants und Sterneköche gibt es in Straßburg etliche. Schließlich wollen auch die zahlreichen EU-Politiker und Lobbyisten verköstigt werden.

Essen wie Gott im Elsass

Es geht natürlich auch etwas einfacher. Man könnte auch sagen: authentischer. »Winstuben« und Brasserien mit traditionellen elsässischen Gerichten gibt es in Straßburg ebenfalls reichlich. Der Volksmund sagt: Im Elsass wird die feine französische Küche mit der Größe deutscher Portionen kombiniert. Da ist durchaus etwas dran. Haute Cuisine trifft auf die kulinarische elsässische Tradition, die eher etwas deftiger ausfällt. So heißen die regionalen Spezialitäten »baeckeoffe« (Schwein, Rind und Lamm in Weißwein mit Kartoffeln geschmort), »foie gras« (Gänse- oder Entenstopfleber) sowie »rossbiff« (zart geschmortes Pferdefleisch) oder »Presskopf« (eine Schweinskopfsülze). Sauerkrautgerichte gibt es in ebenso vielen Variationen wie die »tarte flambée« (Flammkuchen). Die feine französische Küche wird natürlich auch in vielen Restaurants angeboten. Das Preisniveau ist etwas höher als in Deutschland. In Frankreich gibt man eben gerne etwas mehr aus fürs Essen.

Das Mittagessen wird meist zwischen 12 und 14 Uhr serviert. Bei einem entsprechenden Menü sitzt man auch schon mal etwas länger. Generell ist die Mittagszeit die »heilige Stunde« der Grande Nation. Trinkgeld sollte man mit 10–15 % bemessen. In Straßburg ist es wie überall: Es gibt Touristenlokale, die mehr auf den Umsatz als auf das Wohl ihrer Gäste schielen, aber auch die guten »Auberges«, die mit Liebe und Passion ihre Gäste verwöhnen. Grundsätzlich ist das kulinarische Niveau in Straßburg recht hoch. Enttäuscht wird man eher selten.

Der gute Tropfen zum Mahl

Das Elsass ist das Land von Riesling, Weißburgunder (Pinot blanc), Grauburgunder (Pinot gris), Spätburgunder (Pinot noir) und Gewürztraminer. Zu 90 % werden diese Rebsorten hier angebaut. Und was nicht unbedingt jeder weiß: Fast zwei Drittel des französischen Bieres werden im Elsass und Lothringen gebraut. Und speziell hier sind kleine Mikrobrauereien aus dem Nordelsass auf dem Vormarsch. Handwerklich gemachte Biere für Liebhaber im klassischen Weintrinkerland.

Preise für ein dreigängiges Menü:
€€€€   ab 70 €   €€€   ab 40 €
€€   ab 30 €   €   bis 30 €

ELSÄSSISCH

Le Pont des Vosges   ▮▮▮ E 3
Gemütlicher Brasserie-Look • Urgemütlich im Stil großer Pariser Brasserien sitzt man in diesem Restaurant, das auch Künstler aus der Nachbarschaft anlockt. Unter den Vorspeisen findet sich neben »foie

gras« und Schnecken Lachs mariniert oder als »Presskopf«, beim Fleisch reicht die Karte bis zu einem mächten »Côte de boeuf« mit 900 g. Allemand • 15, quai Koch • Tel. 03 88 36 47 75 • www.lepontdesvosges.fr • Mo–Sa 12–14, 19–23.30 Uhr • €€€

Maison des Tanneurs   B 4

Zeitreise in die Vergangenheit • Historisches Ambiente am Ill-Ufer im stimmungsvollen Gerberviertel, freundliche Atmosphäre und traditionelle Küche. Sehr zu empfehlen sind die Kalbsnieren in Weißweinsauce und das Perlhuhn mit grünem Pfeffer auf Sauerkraut. Das Restaurant kennt man von mancher Ansichtskarte von La Petite France. Petite France • 42, rue du Bain-aux-Plantes • Tel. 03 88 32 79 70 • Di–Sa 12–14, 19–22 Uhr • €€€

Maison Kammerzell   D 4

Klassiker am Münster • Hier speist man im historischen Baudenkmal mit Fresken an der Wand – es ist das älteste Haus der Stadt. Serviert werden u. a. Coq au Riesling, »baeckeoffe«, Tatar oder Hirschragout, außerdem Sauerkraut-Varianten sowie verschiedene Käseplatten mit Munster-, Brie- oder Roquefort-Käse. Im Sommer sitzt man draußen mit Blick aufs Münster. Bei Touristen beliebt. Centre • 16, place de la Cathédrale • Tel. 03 88 32 42 14 • www.maison-kammerzell.com • tgl. 12–14, 19.30–23 Uhr • €€€

Au Petit Bois Vert   B 4

Idyllische Uferlage • Restaurant mit traumhafter Lage an der Ill und den klassischen elsässischen Spezialitäten: geschmortes Eisbein, »baeckeoffe«, »lewerknepfle« (Leberknödel), Sauerkraut mit Zander oder »tartiflette« (Kartoffelauflauf) mit Munster-Käse. Sehr gut ist die geräucherte Entenbrust. Zur Auswahl stehen auch mehr als 20 verschiedene Flammkuchen-Variationen. Innen ist das Restaurant holzvertäfelt, rustikal. Bei schönem Wetter kann man herrlich draußen sitzen. Petite France • 2, quai de la Bruche • Tel. 03 88 32 66 32 • www.aupetit boisvert.fr • Do–Di 12–14.30, 19–22.30 Uhr • €€

Au Renard Prêchant   E 4

Authentisch und gut • Nahe der Place Austerlitz befindet sich das Restaurant, dessen Name übersetzt »Zum predigenden Fuchs« lautet. Das kleine Lokal ist nämlich in einem ehemaligen kleinen Kirchlein untergebracht. Bereits 1880 wurde die Kapelle »verweltlicht« und in ein Restaurant umgewandelt. Heute kann man hier hervorragend speisen, vorwiegend klassisch elsässisch: Kalbskopf, Kalbsnieren in Rahmsauce oder Ententerrine. Krutenau • 34, rue de Zurich • Tel. 03 88 35 62 87 • www.renard-prechant.com • Mo–Fr 12–14, 19.30–22, Sa 19.30–23, So 19.30–22 Uhr • €€

L'Amuse Bouche   E 3

Unprätentiöser Genuss • Lecker zubereitete elsässische und französische Klassiker von »foie gras« über »knepfle« bis zu Entenbrust werden hier von Chefköchin Stella Layen in schlichtem Ambiente nahe dem Parc du Contades serviert. Allemand • 3, rue Turenne • Tel. 03 88 35 72 82 • www.lamuse-bouche.fr • Mo–Sa 12–14, 19–21 Uhr, Mo nur mittags, Sa nur abends • €€

L'Ancienne Douane   🔖 D 4

Historisches Gemäuer • Im alten Zollhaus residierte einst die einflussreiche Schifferzunft »Anker«, die im Mittelalter die Flussschifffahrt am Oberrhein kontrollierte. Heute befindet sich hier ein beliebtes Lokal für elsässische Speisen – ob »Presskopf« nach Großmutter-Art, Fleischküchle mit Schalotten, »rossbiff« oder geschmortes Eisbein. Bei schönem Wetter kann man auf der Terrasse über der Ill speisen.
Centre • 6, rue de la Douane • Tel. 03 88 15 78 78 • www.ancienne douane.fr • tgl. 11.30–14.30, 18.30– 23 Uhr • €€

Le Baeckeoffe d'Alsace   🔖 C 4

Deftig elsässisch • Wie der Name schon sagt, gibt es hier vor allem die elsässische Spezialität »baeckeoffe« (Eintopf aus Rind, Lamm, Schwein in einer Weißweinsauce). Es gibt Variationen mit Munster-Käse und Speck, Lamm und Thymian oder Fisch. Im Herzen von La Petite France und bei Touristen beliebt.
Petite France • 14, rue des Moulins • Tel. 03 88 23 05 40 • www.baecke offe.com • tgl. 11.30–14.30, 18–23 Uhr • €€

Le Gruber   🔖 D 4

Rustikale Gemütlichkeit • Ebenso beliebtes wie traditionelles elsässisches Lokal nahe dem Münster. Das heißt: »baeckeoffe«, Flammkuchen, Gänseleberpastete, »Grumbeere kiechle« (Kartoffelpuffer) und etliche authentische elsässische Spezialitäten mehr in rustikalem Ambiente. Allein zehn verschiedene Flammkuchen stehen zur Auwahl.
Centre • 11, rue du Maroquin • Tel. 03 88 32 23 11 • www.legruber. com • tgl. 11.30–22.30, Fr, Sa bis 23 Uhr • €€

In der traditionellen Maison Kammerzell (▶ S. 30) speist man gemütlich in einem historischen Gebäude mit Wandmalereien direkt an der Place de la Cathédrale.

Le Kougelhopf C 4
Regional ist Trumpf • Der Name ist Programm. Ebenso wie bei dem beliebten Mürbkuchen aus dem Elsass dominiert auch ansonsten in der Küche die Region. Heißt: Munster-Käse, »knepfle«, Kalbsbrust, Linsen mit Schweinefleisch, Fisch. Das Gebotene ist ordentlich, das Preis-Leistungs-Verhältnis gut, und man sitzt mitten im beliebten Touristenviertel La Petite France. In der modernen »Winstub«-Atmosphäre können Sie zudem aus unzähligen Variationen von Flammkuchen wählen.
Petite France • 52, rue Fossé des Tanneurs • Tel. 03 88 22 52 90 • tgl. 7–19 Uhr • €€

Pfifferbriader D 4
»Winstub« par excellence • Hier gibt es elsässische Spezialitäten satt. Ganz besonders gut schmeckt der Zwiebelkuchen »fait maison« (hausgemacht). Sauerkraut mit dreierlei Fisch (Zander, Lachs und Schellfisch) ist ebenfalls zu empfehlen. Zum kulinarischen Repertoire gehört außerdem Entenstopfleber ebenso wie geräucherte Schweineschulter. Zwei Gehminuten vom Münster entfernt sitzt und speist man im typischen Stil der Region.
Centre • 14, place du Marché aux Cochons de Lait • Tel. 03 88 24 46 56 • www.winstublepfiff.com • tgl. 11.30–14.30/15, 18.30–22, Fr, Sa bis 23 Uhr • €€

FRANZÖSISCH

1741 D 4
Französische Spitzenküche • Gegenüber dem Palais Rohan auf der anderen Ill-Seite residiert die Institution elsässischer und französischer Küche. Hervorragende Fischgerichte

Eine typisch elsässische Spezialität ist Flammkuchen, der in zahlreichen Varianten von deftig bis exotisch serviert wird, u. a. bei Flamme & Co (▶ S. 35).

(Saibling) und exzellenter Service. Die klassische französische Top-Gastronomie und das geschmackvolle Ambiente haben allerdings ihren Preis.
Krutenau • 22, quai des Bateliers • Tel. 03 88 35 50 • www.1741.fr • Do–Mo 11.30–14.30, 19–24 Uhr • €€€€

Au crocodile ⬛⬛ C 3
Eine feste Größe in Straßburg • Bei einem Rundgang durch die City stößt man unweigerlich auf die Restaurantlegende im Herzen der Altstadt, an deren Fassade ein Krokodil baumelt. 2009 übernahm Philippe Bohrer das bekannte Restaurant des Elsässer Sternekochs Émile Jung. Von 1989 bis 2001 hatte das Restaurant drei Michelin-Sterne. Derzeit hat es einen und ist vor allem bei EU-Politikern und Lobbyisten beliebt. Das Ambiente ist nach wie vor sehr elegant, die Küche fantasievoll.
Centre • 10, rue de l'Outre • Tel. 03 88 32 13 02 • www.au-crocodile.com • Di–Sa 12–13.30, 19–21.30 Uhr • €€€€

Buerehiesel ⬛⬛ G 2
Kochen auf höchstem Niveau • Im Parc de l'Orangerie befindet sich *die* Adresse für Feinschmecker. Chefkoch Eric Westermann zelebriert in einem alten elsässischen Bauernhaus von 1607 Genüsse auf höchstem Niveau. Bretonischer Kaisergranat, gerösteter Seebarsch oder ein hervorragendes Kalbsbries. Saisonale Produkte, fein abgeschmeckt. Mit einem Michelin-Stern dekoriert.
Orangerie • 4, parc de l'Orangerie • Tel. 03 88 45 56 65 • www.buerehiesel.fr • Di–Sa 12–13.30, 19.30–21.30 Uhr, im März 1 Woche, im Aug. 3 Wochen geschl. • €€€€

⭐ 1 MERIAN Tipp

BRASSERIE LES HARAS

In einem Gebäude, das Mitte des 18. Jh. als nationales Reitgestüt errichtet wurde, residiert heute die mit viel Holz minimalistisch-modern gestaltete Brasserie und verwöhnt ihre Gäste mit elsässischer und französischer Kochkunst.
▶ S. 18

La Casserole / Girardin ⬛⬛ D 4
Ausgezeichnet • Kleines nettes Restaurant, das zu Recht einen Michelin-Stern trägt. Wunderbare hausgemachte Entenleberpastete. Das Dessert, die Schokoladen-Ganache aus Guanaja, ist ein Gedicht, außerdem gibt es eine exquisite Weinkarte. Moderne französische Küche und freundlicher Service inklusive. In einer Seitenstraße vom Münster.
Centre • 24, rue des Juifs • Tel. 03 88 36 49 68 • www.restaurantlacasserole.fr • Mi–Sa mittags ab 12, Di–Sa abends ab 19.30 Uhr • €€€€

La Cruche d'Or ⬛⬛ D 4
Feine Qualität • Das zentral gelegene Restaurant serviert u. a. Jakobsmuschel-Carpaccio und Chateaubriand von bester Qualität.
Centre • 6, rue des Tonneliers • Tel. 03 88 32 11 23 • www.cruchedor.com • Mo–Sa 12–14, 19–22 Uhr, im Dez. auch sonntags • €€€

Restaurant de la Bourse ⬛⬛ D 5
Ein Hauch von Jugendstil • Jakobsmuscheln, gebratene Entenbrust, Seeteufel: Hier gibt es elsässische und französische Küche in schönem Ambiente. Der große Saal des in den 1920er-Jahren eröffneten Restau-

rants atmet die Epoche des Jugendstils. Zur Mittagszeit meist gut gefüllt.
Krutenau • 1, place du Maréchal de Lattre de Tassigny • Tel. 03 88 36 40 53 • www.restaurant-de-la-bourse.fr • tgl. 11.30–14.30, 18.30–23, Fr, Sa bis 23 Uhr, nachmittags kleine Küche • €€€

BISTROS UND BRASSERIEN

Brasserie au Quai de l'Ill   📖 D 4
Solide regional • Typisch Elsässisches und Französisches wie Flammkuchen, Sauerkrautgerichte, Coq au Riesling, dazu ein netter Außenbereich an der Ill am Quai des Bateliers.
Krutenau • 2, place du Corbeau • Tel. 03 88 22 92 39 • Di–So 11–22.30 Uhr • €€

La Hache   📖 D 4
Nostalgie-Bistro • Elegantes Interieur in einem Gebäude aus dem Jahr 1257. Saisonale französische Küche mit frischen Zutaten.
Centre • 11, rue de la Douane • Tel. 03 88 32 34 32 • tgl. 12–24 Uhr • €€

La Taverne du Sommelier   📖 E 4
Wein und Genuss • Eine Entdeckungsreise für Freunde edler Tropfen. Große Auswahl von Weinen ausgesuchter Winzer. Dazu gibt es authentische französische Küche.
Krutenau • 3, ruelle de la Bruche • Tel. 03 88 24 14 10 • Mo–Fr 12–13.45, 19.30–22.30 Uhr • €€

🍃 Le Bistrot des Arts   📖 E 4
Saisonal und frisch • In dem netten, schicken Restaurant am Ufer der Ill serviert Patronin Valérie Boulanger Gänseleber- und Königinpastete, Jakobsmuscheln, Lammschulter oder Schmalzfleisch von der Gans. Alles

sehr fein zubereitet. Auf frische Zutaten, oft Bioqualität, und saisonale Zutaten legt die Küchen-Crew des Restaurants besonderen Wert.
Krutenau • 10, quai des Pêcheurs • Tel. 03 88 35 10 60 • www.bistrotdesarts.eu • Mo–Sa 12–14, 19–22 Uhr • €€

Lucullus Tendance Bistrot   📖 D 5
Authentischer Geschmack • Erst seit 2011 existiert das winzige Restaurant von Éric und Caroline Thiercelin. Das Paar hat sich authentische Küche mit einem Gourmet-Touch auf die Fahnen geschrieben. Und dies setzen sie auch hervorragend um. Zu empfehlen ist die Tarte mit Blutwurst ebenso wie die Bouillabaisse, Jakobsmuscheln oder das Rindertatar. Zu den marktfrischen Produkten und der kreativen Küche kommt auch noch ein freundlicher Service hinzu.
Krutenau • 15, rue Jacques Pierotes • Tel. 03 88 37 11 07 • Mo–Fr 12–14, 19.30–22 Uhr • €€

Fink' Stuebel   📖 C 4
Typisch Elsass • Thierry und Sophie Schwaller servieren einfache und authentische elsässische Küche, die auch von Einheimischen geschätzt wird. Beliebt ist der »baeckeoffe«, der sowohl mit Rind, Schwein und Lamm als auch mit Ente zubereitet wird. Vorzüglich ist Thierrys hausgemachte Königinpastete. Natürlich darf der Klassiker »choucroute garnie« bei Thierry nicht fehlen, der in einem Sterne-Restaurant in Saargemünd gelernt hat.
Finkwiller • 26, rue Finkwiller • Tel. 03 88 25 07 57 • www.restaurant-finkstuebel.com • Di–Sa 12–14, 19–22.30 Uhr • €

Solche und noch viele andere verführerische süße Leckereien werden im Salon de Thé Christian (► S. 35) kreiert, einer der Top-Patisserien der Stadt.

Flamme & Co C 4

Der Name ist Programm • Neben Sauerkrautgerichten steht das Elsass insbesondere für den Flammkuchen. In dem modernen Restaurant gibt es die »tarte flambée« in zahlreichen und ungewöhnlichen Varianten. Petite France • 53/55, Grand' Rue • Tel. 03 90 40 1945 • www.flamme andco.fr • tgl. 12–15.30, 19–1 Uhr, So nachmittags geschl. • €

Le Cornichon Masqué D 4

Verstecktes Kleinod • Kleines nettes Restaurant an der Place du Marché Gayot, versteckt in einer Seitengasse in einem Szene-Quartier hinter dem Münster, wo sich auch viele Studenten treffen. Regionale Küche. Herzhafte Tartes und freundliche Bedienung. Ein nettes Stück Straßburg. Centre • 17, place du Marché Gayot • Tel. 03 88 25 11 3 • Di–So 12–14, 19–23 Uhr • €

Le Roi et son Fou D 4

Szene-Treff • Das Bistro nahe dem Münster ist Treffpunkt von Künstlern, Studenten und Intellektuellen. Das Ambiente ist sehr gemütlich. Zur Auswahl stehen u. a. Quiches und Straßburger Wurstsalat. Centre • 37, rue du Vieil Hôpital • Tel. 03 88 23 22 22 • Mi–So 8–20 Uhr • €

CAFÉS

Salon de Thé Christian D 4

Ein Traum in Schokolade • Einer der Top-Chocolatiers in der an Patissiers wahrlich nicht armen Stadt. In schmuckem Kaffeehaus-Ambiente gibt es Kuchen, Quiches, Gebäck und Pralinés vom Feinsten. Speziell die »Madeleines faites maison« sind wahrlich köstlich. Centre • 10, rue Mercière • Tel. 03 88 22 12 70 • www.christian.fr • Mo–Sa 7.30–18.30 Uhr

Einkaufen

Straßburg ist ein Dorado für Freunde von Feinkost, Antiquitäten, Märkten oder schicken Textilien. In der Altstadt reiht sich ein schönes Geschäft an das nächste.

◀ Die Wochenmärkte der Stadt bieten viel Frisches aus der Region an, u. a. auf der Place Broglie (▶ S. 44).

Straßburg ist eine herrliche Stadt zum Bummeln. Dank kurzer Wege, der malerischen mittelalterlichen Stadtkulisse und exquisiter Boutiquen und Geschäfte wird das Einkaufen hier zum entspannten Vergnügen. Ob Mode, Delikatessen, Wein oder Souvenirs: Straßburg empfängt seine Besucher mit einem erlesenen und vielfältigen Angebot.

Richtig in Szene gesetzt

In ganz Frankreich (und in Straßburg ganz besonders) versteht man es, mit kleinen, zauberhaften Geschäften, die mit Sinn für Stil und Historie eingerichtet wurden, alle Sinne anzusprechen: ob beim Chocolatier, im Lebkuchenladen, in der Fromagerie, im Kristall- und Geschirrgeschäft, im Souvenirladen, ja selbst im schlichten Haushaltswarengeschäft. In manchem nostalgischen Krämerladen scheint die Zeit stehen geblieben zu sein. Ein ganz besonderes Einkaufserlebnis bieten auch Kaufhäuser wie Le Printemps oder Galeries Lafayette, die beim französischen Nachbarn eine Spur eleganter sind als in Deutschland.

Fachgeschäft und Trödelmarkt

Zahlreiche hübsche Fachgeschäfte und Boutiquen, aber auch Secondhandläden, findet man im Viertel Petite France und in den Straßen rund um die Kathedrale. Hier lassen sich ein Einkaufsbummel und eine Sightseeing-Tour wunderbar miteinander kombinieren. Auch und vor allem für Freunde von Antiquitäten und gehobenem Trödel ist Straßburg

ein echtes Dorado. Ein magischer Anziehungspunkt sind dabei die diversen, regelmäßig stattfindenden Märkte (Buch-, Trödel- und Wochenmärkte), bei denen die Händler sich noch auf Elsässisch unterhalten. Für die Straßburger selbst sind die modernen Einkaufszentren Place des Halles (das Betonbauwerk aus den 1980er-Jahren) sowie die neue Mall Rivetoile wichtige Koordinaten beim Einkauf.

Die generellen Öffnungszeiten der Geschäfte unterscheiden sich nicht wesentlich von jenen in Deutschland. Auf dem Land in Frankreich ist die Mittagsstunde heilig und die Geschäfte sind dann in der Regel geschlossen. Natürlich jedoch nicht in einer umtriebigen Stadt wie Straßburg. Das Preisniveau in Frankreich ist generell etwas höher.

 MERIAN Tipp

VENTE À LA FERME RIEDINGER

Sie lieben Spargel? Dann sind Sie in Straßburg genau richtig, denn ganz in der Nähe liegt die Spargel-Hauptstadt Frankreichs, Hoerdt. Zur Saison von April bis Ende Juni gibt es dort das edle Stangengemüse frisch und knackig vom Feld, z.B. im Hofverkauf von Thierry Riedinger. ▶ S. 19

ANTIQUITÄTEN

Antiquités Bastian D 4

Der hübsche Laden direkt am Münster hat eine ansprechende Auswahl von Antiquitäten, Bildern und Möbeln mit einer Vorliebe für das 18. Jh. Centre • 24, place de la Cathédrale • www.antiquites-bastian.com

Brocante chez Fred   A 4

Hier geht es nicht um echte Antiquitäten, sondern um Trödel – das ist Inhaber Fred sehr wichtig. Ob eine alte ausrangierte Leuchtreklame der elsässischen Traditions-Biermarke Fischer, Grammofone oder Email-Schilder, historische Blechdosen oder Eisenbahner-Lampen – es gibt etliches zu entdecken, und vielleicht auch das ein oder andere Liebhaberstück zu erstehen.

Gare • 29, boulevard de Nancy

La Luciole   C 4

Ein Lampengeschäft, als wäre es aus der Zeit gefallen. Viele Objekte aus »pâte de verre« (Glaspaste), wunderschön von Hand gearbeitet und in allerlei Farben, Formen und Facetten, die für stimmungsvolles, warmes Licht sorgen. Die Stile reichen von Art nouveau (Jugendstil)

bis Tiffany. Auch auf diese Weise gefertigte Vasen werden angeboten.

Centre • 20, rue de la Division Leclerc • www.patedeverre-laluciole.fr

Ville et Campagne   D 4

Ein sehr nettes Antiquitätengeschäft. Inhaberin Corinne ist eine Seele von Mensch. Viel Glaskunst, Kristall, Utensilien im Jugendstil-Design und elsässische Küchenmöbel. Keramik und Kitsch fröhlich vereint.

Krutenau • 23, quai des Bateliers

BÜCHER

La Bouquinette   D 4

Eine Vielzahl von liebevoll gestalteten Kinderbüchern sowie handgemachtes Holzspielzeug sind hier im Angebot. Auch Comic-Bücher gibt es in dem nett gestalteten Bücherladen für Kinder und Junggebliebene.

Centre • 28, rue des Juifs

Dreimal wöchentlich wird auf der Place Gutenberg (▶ S. 75) geblättert und geschmökert, denn dann verwandelt sich der Platz in einen Freiluftbuchladen.

Librairie Gallimard du Monde Entier C 3

Die Buchhandlung führt klassische Literatur aus vielen Ländern, häufig in der Originalsprache. Dostojewski, James Joyce, Günter Grass und etliche mehr. Natürlich ist auch die französische Literatur mit all ihren namhaften Autoren vertreten.
Centre • 31, place Kléber

Librairie Kléber C 4

Der »Tempel« des Buches. Auf vier Etagen gibt es alles, was man lesen kann: Bestseller, Krimis, moderne Klassiker der Literatur und zahlreiche Titel, die sich mit Straßburg und dem Elsass beschäftigen.
Centre • 1, rue des Francs-Bourgeois • www.librairie-kleber.com

FEINKOST UND SPEZIALITÄTEN
Edouard Artzner C 3

Seit mehr als 100 Jahren verwöhnt diese Épicerie Feinschmecker und ist ein Spezialist für »foie gras«, feine Pasteten und Rillettes sowie zahlreiche weitere Feinkostwaren.
Centre • 7, rue de la Mésange • www.edouard-artzner.com

Kirn Traiteur C 4

Eine Art Kultstätte für Fleisch- und Wurstwaren ist dieses Geschäft. Es gibt »foie gras« (Enten- oder Gänseleberpastete), Sauerkraut, »baeckeoffe« und elsässische Teigwaren. Man kann hier auch zu Mittag essen.
Centre • 19, rue du 22 Novembre • www.kirn-traiteur.fr

La Boutique du Gourmet D 4

Die Gänseleberpastete ist eine Straßburger Erfindung aus der Zeit Ludwigs XVI. Seit 160 Jahren führt Georges Bruck die Tradition fort und bereitet »foie-gras«-Gerichte vom Feinsten zu. Zur Auswahl stehen außerdem Makronen, zarte Kuchen und feinstes Mürbegebäck in schönen Döschen verpackt.
Centre • 26, rue des Orfèvres • www.bruck.fr

 ⭐ **MERIAN Tipp**

VILLAGE DE LA BIÈRE

Alain Pesez ist absoluter Experte in Sachen Bier und bietet in seinem Geschäft in zentraler Lage nahe dem Münster mehrere Hundert Sorten an. Am liebsten jedoch verkauft er Gerstensaft aus einheimischen elsässischen Mikrobrauereien.   ▶ S. 19

Les saveurs de Christian Kistler nördl. B 1

Handwerklich produzierten Senf bekommen Sie im nahen Mundolsheim, hergestellt vom ehemaligen Spitzenkoch Christian Kistler, darunter Exotisches wie Safran-Senf.
Mundolsheim • 2, rue Thomas Edison • rund 10 km nördl. von Straßburg über A35/A4 • Tram A–D, F bis Les Halles, von dort Bus 71

Première Pression Provence C 4

Authentische Olivenöle aus ganz Frankreich, vornehmlich aus der Provence, aber auch kalt gepresstes Walnuss-Öl aus den Nordvogesen. Dazu Essig, Balsamico und Liköre.
Centre • 1, rue du Miroir • www.ppp-olive.com Tipp

GEBÄCK UND SCHOKOLADE
Boulangerie Rohmer
▶ MERIAN Tipp, S. 21

Fortwenger Pain d'Épices d'Alsace   D 5

Hier schlägt das Herz des Lebkuchen-Freunds höher. Fortwenger ist der größte Lebkuchen-Hersteller Frankreichs und kann auf eine über 200-jährige Geschichte zurückblicken. Honig-, Pfeffer- und Früchtekuchen in zahlreichen Variationen locken das ganze Jahr über – nicht nur zur Weihnachtszeit.

Krutenau • 10, rue Austerlitz • www.fortwenger.fr

 **MERIAN Tipp**

CHOCOLATIER JACQUES BOCKEL

Der Chocolatier mit Stammsitz in Saverne zaubert seit mehr als drei Jahrzehnten Kreatives aus Schokolade und lässt sich zu jeder Gelegenheit Fantasievolles einfallen. Probieren Sie einmal seine neueste Kreation: »Nut'alsace«. Sogar ein Schokoladenbrunnen fließt in dem hübsch eingerichteten Geschäft.   ▶ S. 19

La Cure gourmande   D 4

Lassen Sie sich in dem wunderschönen Geschäft in Münsternähe mit süßen Leckereien wieder in Ihre Kindheit entführen. Hier sieht man immer wieder Touristen die Fotoapparate zücken. So verlockend und wunderbar nostalgisch ist das süße Naschwerk dort in Szene gesetzt.

Centre • 5, rue Mercière • www.cure gourmande.com

Lathéral   C 4

Der Laden des Tee- und Schokoladenhändlers lockt mit zarten Aromen und überraschenden Geschmacksrichtungen. Die Auswahl

ist riesig und umfasst u. a. Schokolade aus 100 % Kakaobutter und 300 Teemischungen.

Petite France • 74, Grand' Rue • www.latheral.com

Le Cœur d'Alsace   C 4

Lebkuchen so weit das Auge reicht und in diversen Ausführungen gibt es in diesem Geschäft. Ob klassisch mit Haselnuss, Zimt, Orange, Kardamom und kandierten Zitrusfrüchten oder mit Nougat.

Centre • 8, rue des Serruriers

Les Cafés Henri   D 4

Ein hübscher Laden für Kaffeegenießer. Alle angebotenen Kaffeesorten werden im Elsass geröstet. Es gibt drei Filialen in der Stadt.

Centre • 31, rue des Hallebardes • www.cafeshenri.fr

Macarons & Inspirations   D 4

Hier dreht sich alles um die »macarons«. Das beliebte Gebäck, das einer Legende nach aus Nancy stammen soll, wird in allerlei edlen Varianten offeriert. Das Konfekt aus Mandelmehl, Eiweiß, Puderzucker, Buttercreme oder Konfitüre ist in Frankreich sehr beliebt.

Centre • 1, rue de la Vignette • www.elisabeth-biscarrat.com

Mireille Oster   C 4

Lebkuchen »fait maison« (hausgemacht) von *der* Koryphäe in Sachen Weihnachtsgebäck. In allerlei Variationen und verschiedenen Aromen gibt es den traditionellen Gewürz-, Pfeffer- und Honigkuchen in der Patisserie im Herzen des früheren Gerberviertels

Petite France • 14, rue des Dentelles • www.mireille-oster.com

Patisserie Kretz E 4

Konditor Alain Kretz ist ein Meister seines Fachs. Hier locken die unterschiedlichsten »macarons«, Tartelletes oder Pralinés. Der Patissier hat bereits Auszeichnungen für seine Nasch-Kreationen erhalten. In der Konditorei befindet sich auch ein kleines Café.

Krutenau • 16, quai des Pêcheurs

HÜTE

La Chapellerie D 4

Früher gehörte es zum guten Ton, das Haus nicht ohne Kopfbedeckung zu verlassen. In dem kleinen Hutgeschäft beim Münster erfährt die Kopfbedeckung eine Renaissance. Klassische Charleston- und Borsalino-Hüte, Topfhüte, Strohhüte mit breiten Krempen oder sogenannte Fascinators – die Kunden haben die Qual der Wahl.

Centre • 24, place de la Cathédrale

KÄSE

La Cloche à Fromage C 4

Neben zahllosen französischen Spezialitäten finden Käseliebhaber hier auch Produkte aus Belgien, Italien und der Schweiz, insgesamt über 200 Sorten, dazu Essige und Öle sowie andere Feinschmeckerartikel.

Centre • 32, rue des Tonneliers • www.fromagerie-tourrette.com

Le Gout du Terroir C 4

Ein kleines Käseparadies tut sich in dieser 2013 eröffneten Fromagerie auf. Im Angebot sind viele Rohmilchkäse. Comté in Reifegraden von zwölf bis 24 Monaten, Mont D'or, Tomme (Weichkäse) und vielerlei andere Sorten.

Centre • 3, rue des Serruiers

Maison Lorho D 4

Hier betreten Sie eine Top-Adresse der Käsewelt. Cyrille Lorho trägt den

Käseliebhaber finden ihr Paradies in der Maison Lorho (▸ S. 41), einem für höchste Handwerkskunst ausgezeichneten Betrieb mit zahlreichen Sorten.

Die ganze Welt der französischen Mode sowie eine Feinschmeckerabteilung finden Sie im großen Kaufhaus der Galeries Lafayette (▶ S. 42) an der Place Kléber.

Titel »bester Affineur Frankreichs«. 250 Käsesorten lassen in dem Geschäft, das übrigens mit einem Design-Preis ausgezeichnet wurde, die Herzen höherschlagen.
Centre • 3, rue des Orfèvres • www.maison-lorho.fr

KAUFHÄUSER UND EINKAUFSZENTREN

fnac C 4

Die Straßburger fnac-Filiale befindet sich an der Place Kléber im Centre Commercial la Maison Rouge, so genannt wegen des historischen Gebäudes (»Maison Rouge«, Rotes Haus) aus dem 19. Jh., das einst hier stand. In dem neuen Gebäude gibt es auf drei Etagen Unterhaltungselektronik – von CDs, Schallplatten und DVDs über HiFi-Geräte, Computer und Spielkonsolen bis zu Handys sowie Video- und Fotoausrüstung –, seit Kurzem auch Haushaltsgeräte. Daneben können Sie hier außerdem Tickets für Konzerte, Theater, Oper und andere Veranstaltungen kaufen.
Centre • 22, place Kléber • www.fnac.com/Strasbourg

Galeries Lafayette C 4

Allein das schöne Gebäude aus rosafarbenem Sandstein mit seinem prächtigen Treppenlauf beeindruckt. Drinnen erwartet Sie ein elegantes Kaufhaus mit allen großen Marken und Namen der Modewelt.
Centre • 34, rue du 22 Novembre • www.galerieslafayette.com/magasin-strasbourg

L'Aubette C 3

Das Sandsteingebäude an der Place Kléber beherbergt die gleichnamige Einkaufspassage und versammelt in seinem historischen Gemäuer diverse Modegeschäfte und gastro-

nomische Einrichtungen, umgeben von reichlich Kunst. Daneben ist auch Apple mit einem großen, repräsentativen Laden vertreten.
Centre • 31, place Kléber • www.laubette.com

Le Printemps C 3
Hinter der neuen Fassade mit futuristischer Hülle aus gold schimmerndem Aluminium verbergen sich sieben Etagen des traditionsreichen Kaufhauses.
Centre • 1, rue de la Haute Montée • www.printemps.com/magasins/strasbourg

Place des Halles B/C 3
Das kürzlich renovierte Einkaufszentrum umfasst 120 Geschäfte, Restaurants und Dienstleistungsbetriebe auf halbem Weg zwischen Hauptbahnhof und Innenstadt. Mit dem Beton-Chic der 1980er-Jahre wirkt es jedoch von außen wenig einladend.
Gare • 24, place des Halles • www.placedeshalles.com

Rivetoile E 6
Das neue Herz der Einkaufsstadt Straßburg schlägt nur ein paar Schritte von der City entfernt mit exklusiven Geschäften aller Couleur. Ein großer Supermarkt und Gastronomie komplettieren die Mall.
Neudorf • 3, place Dauphine • Tram A, D: Étoile-Bourse • www.rivetoile.com

KRISTALLWAREN UND SCHMUCK
Baccarat Cristallerie D 4
Königliches Kristall, prächtiges Tafelgeschirr, schwere Kerzenleuchter, edle Lampen und natürlich Schmuck der berühmten lothringischen Kristallmanufaktur finden Sie in deren Ladengeschäft nahe dem Münster.
Centre • 44, rue des Hallebardes • www.baccarat.fr

Éric Humbert D 4
In diesem ungewöhnlichen »Atelier de Bijouterie«, einem Juweliergeschäft unweit des Münsters, finden experimentierfreudigere Schmuckträger edles Geschmeide und Halsketten. Bei der »Ligne Bretzel« beispielsweise ziert kein Herz, sondern eine geschmiedete Brezel mit Edelsteinen die Kette als Anhänger – die Brezel symbolisiert das Elsass.
Centre • 46, rue des Hallebardes • www.eric-humbert.com

Lalique D 4
Die außergewöhnlichen Artikel der einstigen Kristallfabrik für Dekoration und Tischkultur gibt es in der Rue du Dôme, darunter eine breite Auswahl von Schmuck und Eau de Parfum des Kristallkünstlers René Lalique, der stark vom Jugendstil beeinflusst war.
Centre • 25, rue du Dôme • www.cristal-bijoux.fr

MÄRKTE
Bücherflohmarkt
Place Kléber   C 3/4
Liebhaber seltener und historischer Bücher sind hier am richtigen Platz. Comics, Poster und Plakate ergänzen das riesige Angebot. Besonders schön sind die Nachdrucke historischer Werbeplakate, aufgezogen auf DIN-A3-Format, etwa der Marken Orangina oder Banania, im Retro-Style. Der Markt findet parallel auch in der Rue des Hallebardes statt.
Centre •Place Kléber • Di, Mi, Sa 9–18 Uhr

Marché Place Broglie (Wochenmarkt) D 3

Auf der Place Broglie findet der große Wochenmarkt statt. Neben Obst, Gemüse und Fleisch finden Sie hier oft deftige elsässische Wurstwaren. Auch afrikanische Händler mit Textilien aus dem Maghreb haben hier Stände aufgebaut. Im Dezember verzaubert auf diesem Platz einer der Weihnachtsmärkte das Publikum.

Centre • Place Broglie • Mi, Fr 7–18 Uhr

⭐ MERIAN Tipp

TRÖDELMÄRKTE

Nach hochwertigem Trödel und Antiquitäten können Sie auf diversen Märkten in Straßburg stöbern, nach Büchern v. a. auf der Place Kléber, nach Antiquitäten und anderen schönen Objekten auf der Place de la Grande Boucherie und in Wacken im Parc des Expositions. ▸ S. 19

MODE UND ACCESSOIRES

Cléone D 4

Die Boutique der Straßburger Designerin ist etwas für Liebhaberinnen von Drapé, Lyoner Seidenstoffen oder Tüll à la Degas. Die edlen wie fantasievollen Kreationen werden für die Kundin maßgefertigt.

Centre • 22, rue des Hallebardes • www.cleone.fr

Fanfreluches & Colifichets D 3

Der hübsch gestaltete Laden ist eine Fundgrube für Modebewusste, die sich neu inspirieren lassen wollen. Die Auswahl ist groß, dazu gehören auch jede Menge Accessoires.

Centre • 27, rue Brûlée

Ultra Orange E 3

Stylisher Laden, der sich auf Kleider und Accessoires im Sixties-Look spezialisiert hat und den Vintage-Look dominieren lässt. Dazu gibt es zahlreiche Deko-Utensilien, Taschen oder Uhren mit Nostalgie-Garantie. Das Geschäft hat auch ein eigenes, elsässisches T-Shirt-Label mit Namen »Bretzel Airlines«. Eine weitere Filiale befindet sich in der Nähe (2, rue du Parchemin).

Allemand • 8, avenue de la Marseillaise • www.ultra-orange.com

Weill D 4

Der Elsässer Albert Weill gründete 1892 sein Pariser Modehaus und war als Spezialist für elegante Damenmode bekannt. Dieser Tradition folgend kleidet das Geschäft in der Rue des Hallebardes bis heute schick und stilsicher ein.

Centre • 24, rue des Hallebardes • www.weill.com

MUSIK

L'Occase de l'Oncle Tom C 4

In dem Plattenladen nahe der Place Gutenberg gibt es noch Vinyl. Sehr viel Vinyl sogar. Laut Inhaber Philippe Seemann sind es 40 000 Exemplare des »schwarzen Goldes«. Dazu führt er CDs von Rock bis Chansons und Comics von »Tintin« (Tim und Struppi) bis »Spirou«.

Centre • 119, Grand' Rue • www.occaseoncletom.blogspot.com

PARFÜM

L'Artisan Parfumeur C 3

Man muss nicht extra in die Parfüm-Hochburg Grasse fahren, um Duftnoten vom Feinsten zu erschnuppern. In diesem schmucken Geschäft wird die Handwerkskunst des Olfak-

torischen hochgehalten. Neben edlen Parfüms gibt es Schmuck von französischen Designern.
Centre • 3, rue de l'Outre

SOUVENIRS

Artal Souvenirs   B 4

Wenn Sie ein originelles Mitbringsel suchen, sind Sie in dem Laden im Herzen des alten Gerberviertels richtig. Wie wäre es mit einer typischen »Springerle«-Backform oder einer schmackhaften Leckerei aus dem Elsass?
Petite France • 31, rue du Bain-aux-Plantes • www.artal-souvenirs.fr

Le Coin d'Alsace   D 4

Im Erdgeschoss des schönen Fachwerkhauses befindet sich ein Geschäft für Souvenirs, Geschirr, Textilien und Keramik. Im Obergeschoss gibt es weitere Töpferwaren und typische Produkte aus dem Elsass.
Centre • 1, place du Marché aux Cochons de Lait

Marie-Laure Boutique   D 4

In dem liebevoll eingerichteten Geschäft im Altstadtkern gibt es Tischdecken, Kissenüberzüge, Schürzen, Schals, Geschirrtücher und vieles mehr, was das Zuhause schöner macht – alles in den traditionellen Motiven der Region und vornehmlich in den aus Leinen hergestellten Kelsch-Stoffen. Auch Töpferei aus Soufflenheim wird angeboten.
Centre • 4, place de la Grande Boucherie • www.marielaureboutique.fr

Nappes d'Alsace   D 4

Nur einen Katzensprung vom Münster entfernt gibt es eine große Auswahl von Tischdecken insbesondere in den Kelsch-Farben des Elsass im Karomuster, dazu Kissenbezüge, Läufer für den Tisch und vieles mehr.
Centre • 6, rue Mercière • nappes dalsace.free.fr

Un Noël en Alsace   C 4

Hier ist, wie der Name vermuten lässt, das ganze Jahr über Weihnachten und es gibt typisch elsässischen Weihnachtsschmuck aus Spitze oder Holz, Kerzen, Weihnachtspyramiden, Glockenspiele …
Centre • 10, rue des Dentelles • www.noelenalsace.fr

WEIN

Art du vin   D 5

In historischem Gemäuer präsentiert Thierry Hoffer die gesamte Palette elsässischer Weine, dazu Schnäpse (preisgekrönte Armagnac-Jahrgänge) und renommierte Champagner-Marken.
Krutenau • 16, rue d'Austerlitz • www.art-du-vin.eu

Au fil du vin libre   D 4

Inhaber Jean Walch hat sich auf Bio-Weine spezialisiert. Vor allem von der Loire, am liebsten aber aus dem Elsass. Der gelernte Koch berät gerne und hat zudem keine Scheu vor Bier. Im Angebot hat er daher auch zahlreiche Biere kleiner regionaler Mikrobrauereien.
Krutenau • 26, quai des Bateliers • www.aufilduvinlibre-strasbourg.com

La Cave Wolfberger   D 4

Das Haus hat einen ausgezeichneten Ruf auf dem Gebiet der Elsässer Weine. Im Sortiment finden sich u. a. Gewürztraminer, Riesling und Grauburgunder.
Centre • 7, rue des Orfèvres • www.wolfberger.com

Am Abend

Auch am Abend präsentiert sich Straßburg abwechslungs-
reich und lässt bei Rock in der Laiterie, Kino im Odyssée oder
Ballett in der Opéra National keine Langeweile aufkommen.

◄ Straßburger Gemütlichkeit in der Bar Les Aviateurs (► S. 48)

Straßburgs Nachtleben beginnt vergleichsweise spät, da gibt sich die Europa-Metropole ganz französisch-mediterran. Im Sommer dann werden Straßen und Plätze zur Bühne. Theaterkompanien spielen in der Innenstadt unter freiem Himmel, um das Publikum (bis 22 Uhr) mit kostenlosen Vorstellungen zu unterhalten, und von Anfang Juli bis Ende August locken Licht- und Wasserspiele (im Juli 22.30 Uhr, im August 22 Uhr) ans Bassin d'Austerlitz.

Stadt des Lichts und der Festivals

Historische Gebäude und Monumente werden im Sommer abends prächtig illuminiert und in Szene gesetzt. Das Münster steht ab Anfang Juli (ab 22.30 Uhr) bis Ende August (ab 22.10 Uhr) im Mittelpunkt eines grandiosen **Lichterspektakels**, das rund 20 Minuten dauert und bis 0.30 Uhr mehrmals wiederholt wird. In der Adventszeit locken in der »Capital de Noël« bis abends »vin chaud« (Glühwein) und Maronen auf einen der Christkindelsmärkte. Straßburg ist zudem eine echte **Festivalstadt**. Beliebt ist das »Festival des Artefacts«, ein achttägiges Bühnenspektakel im April mit mehr als 30 Bands und Künstlern, vor allem aus der Rock-, Electro- und Indie-Szene. Im Mai zeigt das Festival »nouvelles« die Breite zeitgenössischen Tanzes. Mit der traditionellen »Symphonie der zwei Ufer« feiert das Orchestre Philharmonique de Strasbourg jedes Jahr den Sommeranfang. Das kostenlose Konzert findet im Jardin des Deux Rives statt.

Gerne wird dann der Picknickkorb zu klassischen Klängen ausgepackt. Und im November steigt das renommierte Jazz-Festival »Jazzdor«. Tickets für Konzerte sind in Straßburg oft günstiger als auf der anderen Seite des Rheins. Das liegt daran, dass die Kultur hochgehalten und geringer besteuert wird als im Nachbarland. Daneben besitzt Straßburg natürlich auch eine lebendige Kultur- und Theaterszene.

BARS

Académie la Bière   B 4

Gemütliche Bar mit großer Auswahl an Bieren. Neben internationalen Sorten gibt es auch die lokalen Marken Meteor und Kronenbourg.
Centre • 17, rue Adolphe Seyboth • tgl. 11–4 Uhr

Le Phonographe   D 4

Die coole Kneipe und Bistro ist eine feste Größe im Nachtleben. Im Sommer werden Partys auf Booten der Ill organisiert.
Centre • 2, rue de l'Arc en Ciel • tgl. 19–24 Uhr

Le Saxo   D 4

Etwas versteckt in einer Seitengasse unweit des Münsters öffnet sich der Marché Gayot dem Betrachter, ein kleines Szeneviertel mit Außengastronomie, Cafés und Restaurants. Vorwiegend jüngeres Publikum, Studenten und Szene-Gänger treffen sich auf dem kopfsteingepflasterten Platz mit seiner urigen Atmosphäre. Neben dem Les Aviateurs ist dort die Cocktailbar Saxo mit stylishem Ambiente und lauschiger Jazzmusik eine Institution im Nachtleben.
Centre • 8, rue des Frères • tgl. 11–3.30 Uhr

 **MERIAN Tipp**

THÉÂTRE DE LA CHOUCROUTERIE

Im »La Chouc'«, einem Theater in einer ehemaligen Sauerkrautfabrik, werden Theaterstücke und Kabarett auf zwei Bühnen geboten (auch Gastspiele aus Deutschland). Mitunter finden auch Konzerte statt.   ▸ S. 20

Le Trolleybus   D 4

Szenebar nahe der Place Kléber mit bunt gemischtem Publikum.
Centre • 12, rue Sainte-Barbe •
Mo–Do 11–1.30, Fr, Sa 11–4, So 13–1.30 Uhr

Les Aviateurs   D 4

Wie der Name schon andeutet, handelt es sich um eine Bar für Flugbegeisterte. Flugzeugmodelle verleihen der Bar mit dem langen Tresen eine ganz eigene Atmosphäre. An den Wänden hängen Plakate der Luftfahrt, und die Tanzfläche lockt jüngere und ältere Semester zum Abtanzen. Oldtimer unter den Szenetreffs.
Centre • 12, rue des Soeurs (im Marché Gayot) • www.les-aviateurs.com • tgl. 9–4 Uhr

Les Frères Berthom   D 4

Die gemütliche Bar erstreckt sich ganz in der Nähe des Münsters über zwei Ebenen und hat ein großes Angebot an französischen und belgischen Bieren zur Auswahl.
Centre • 18, rue des Tonneliers • tgl. 17–1.30 Uhr

KINO

Cinéma L'Odyssée   D 4

Das Kino in der Innenstadt hat eine mehr als 100-jährige Tradition als Lichtspielhaus. Vor allem europäisches Autorenkino und Arthouse-Filme sind zu sehen.
Centre • 3, rue des Francs-Bourgeois • www.cinemaodyssee.com

ROCK- UND POPKONZERTE

Laiterie   A 5

Die ehemalige Milchfabrik ist eine erstklassige Adresse für Liebhaber von Rockmusik und deren diversen Sub-Genres. Hier spielten schon die New Yorker Independent-Legende Sonic Youth, die schottischen Postrocker von Mogwai und die französischen Wave-Pop-Heroen von Superbus. Cooler Club mit großem und kleinem Konzertsaal.
Gare/Elsau • 13, rue du Hohwald • Tram B, F: Laiterie • www.artefact.org

Le mudd club   D 3

Die Devise des trendigen Clubs in der Altstadt lautet Rock 'n' Roll (Surf, Soul und Rockabilly). Vor allem aus diesem Genre treten Bands hier auf, dazwischen aber auch immer wieder angesagte DJs.
Centre • 7, rue de l'Arc en Ciel • www.mudd-club.fr • Mo–Sa 18–1 Uhr

Zénith   westl. A 3

Das Zénith ist eine Konzertarena im postmodernen Ambiente. Hier finden Konzerte statt, die für die Laiterie eindeutig eine Nummer zu groß sind. Moby, Deep Purple oder Peter Gabriel traten hier bereits vor einem begeisterten Publikum auf. Meist werden Mainstream-Acts geboten, die Hallen füllen können, daneben auch Musicals und Shows wie Holiday on Ice.
Eckbolsheim • 1, allée du Zénith • Tram A: Hautepierre Maillon • www.zenith-strasbourg.fr

STRASSENFEST

Straßenfest Neudorf   südl. E 6

Wenn Sie ein authentisches Straßburger Straßenfest erleben wollen, fahren Sie nach Neudorf. Kein Touristen-Event, sondern eine von den Anwohnern liebevoll in Szene gesetzte Feier. Man stellt Stühle auf die Straße, jeder bringt Essen mit, und dann lässt man es sich gut gehen.
Neudorf • Rue du Ruisseau Bleu • Tram D, E: Étoile Polygone • 2. Sa im Juni

THEATER

Le Maillon   nördl. F 1

Soziokulturelles Zentrum mit internationalem Programm abseits des Mainstreams. Geboten werden Konzerte, viel Off- und Tanztheater mit bekannten Namen der Szene, Performances sowie Filmreihen mit europäischen Regisseuren.
Wacken • 7, place Adrien Zeller • Tram B, E: Wacken • www.maillon.eu

Opéra National du Rhin (Rhein-Oper)   D 3

Oper, Ballett, Tanz, Konzerte und Liederabende bieten das Ensemble und der elsässische Verbund der Philharmoniker aus Straßburg und Mühlhausen. Hinzu kommt ein sehr nettes Café (L'Opéra Café). Im Sommer kann man auf den Stufen der Rhein-Oper an der Place Broglie die Seele baumeln lassen.
Centre • 19, place Broglie • www. operanationaldurhin.eu

Théâtre National de Strasbourg (TNS)   D/E 3

Mehrere Bühnen sind hier unter einem Dach vereint, angeschlossen ist außerdem eine Schauspielschule. Meist werden moderne Klassiker aufgeführt.
Allemand • 1, avenue de la Marseillaise • Tram B, C, E, F: République • www.tns.fr

Straßburg besitzt mit der Opéra National du Rhin (▶ S. 49) ein traditionsreiches und renommiertes Haus, das auch internationale Produktionen auf die Bühne bringt.

Familientipps

Kinder kommen in Straßburg nicht zu kurz und können von Wissenswertem im Le Vaisseau bis zu Aufregendem in einem Kletterpark bei Ostwald eine Menge erleben.

◄ Im Wissenschafts- und Technikzentrum Le Vaisseau (► MERIAN Tipp, S. 20) wird spielerisch die Welt erklärt.

⭐ Bootstour auf der Ill   🚩 D 4

Die perfekte Art Straßburg zu entdecken bieten die Panorama-Ausflugsboote von Batorama. Je nach Tour umfährt das Boot die Altstadt, das Schleusentor von La Petite France und passiert das Europaviertel der Stadt. Für Kinder gibt es spezielle Bootstouren mit der Sagengestalt Hans Trapp als Kapitän. Im Mittelpunkt der kürzeren Tour (»Grande Île«, 45 Min.) steht La Petite France, die längere Tour (»Plus de 20 siècles d'histoire«, 70 Min.) führt bis ins Europaviertel. Die Anlegestelle, wo Sie auch die Tickets bekommen, befindet sich nahe dem Münster, um die Ecke vom Palais Rohan an der Ill. Centre • Tel. 03 88 84 13 13 • www. batorama.fr • Abfahrten von der Anlegestelle Place de Marché aux Poissons je nach Jahreszeit bis zu 35 x tgl. • Tickets am Anleger oder im Internet unter www.batoramashop.com • »Plus de 20 siècle d'histoire« 12,50 €, erm. 7,20 €, Kinder bis 4 Jahre gratis, »Grande Île« 9,50 €, erm. 5,80 €, Kinder bis 4 Jahre gratis

Eislaufbahn Iceberg   🚩 westl. A 2

Die auf zwei Bahnen aufgeteilten 3300 qm Eis bilden eine der größten Indoor-Eisflächen Frankreichs. Das ganze Jahr über gibt es regelmäßig Animationen für Groß und Klein. Wem das normale Schlittschuhlaufen zu langweilig wird, kann an bestimmten Tagen in Karts steigen und über das Eis brausen. Cronenbourg • Rue Pierre Nuss • Tram A, D: Rotonde, Bus 17, 19: Rotonde • www.iceberg-strasbourg.

com • Tel. 03 390 20 14 14 • Eintritt 5,40 €, erm. 4,40 €, Kinder bis 3 Jahre gratis • Kart 12 € für 8 Min.

Les Secrets du Chocolat

🚩 südl. A 6

Das Museum widmet sich der Verwandlung der Kakaobohne in feine Schokolade. Zur Einführung wird ein Film gezeigt, begleitend dazu häufig Präsentationen von Chocolatiers. Drei thematische Rundgänge spannen einen Bogen von den Azteken bis zur industriellen Herstellung der süßen Versuchung. Geispolsheim • Rue du Pont du Péage • Tram A: Illkirch/Baggersee, Bus 62, 66: Pont du Péage • Tel. 03 88 55 04 90 • www.musee-du-chocolat.com • Jan. Mi–So 14–18, Juli, Aug., Dez. Di–Sa 10–19, So und feiertags 14–19, sonst jeweils bis 18 Uhr • Eintritt 8 €, erm. 6,50 €, Kinder bis 4 Jahre gratis

MERIAN Tipp

LE VAISSEAU

Das am Rande des Stadtzentrums gelegene Vaisseau ist ein Zentrum für Wissenschaft und Technik für Kinder ab 3 Jahren. Auf 4200 qm wird eine Welt zum Spielen, Beobachten und Forschen geboten – didaktisch für den Nachwuchs aufbereitet. Experimente und interaktive Ausstellungen wecken den Forschergeist.   ► S. 20

Musée Zoologique
(Zoologisches Museum)   🚩 F 4

Hier werden die Jüngsten zu Entdeckern. Die Sammlung zählt zu den umfangreichsten Frankreichs und wird ständig erweitert. Sie bietet u. a.

in den nachgestalteten Landschaften der Arktis und Antarktis sowie der Bergwelt Südamerikas vor allem Kindern die Möglichkeit, Interessantes über Flora und Fauna auch ausgestorbener Arten zu erfahren.
Université • 29, boulevard de la Victoire • Tel. 03 68 85 04 85 • www. musees.strasbourg.eu • Mi–Mo 10–18 Uhr • Eintritt 6,50 €, erm. 3,50 €

Natura Parc Ostwald   südl. A 6

15 Minuten von Straßburg entfernt in einem Eichenwald befindet sich dieser Kletterpark. Hängebrücken, Seilbrücken, Lianen, Kletternetze, Hängepfade und Trapeze laden zum Balancieren ein. Es gibt elf Parcours, 175 Stationen und 28 Seilrutschen, unterteilt in verschiedene Schwierigkeitsgrade, die für jeden etwas bieten, ob Neuling oder erfahrener Outdoor-Abenteurer.
Ostwald • 35, rue de la Nachtweid • Bus 2: Ostwald Église • Tel. 03 88 65 40 07 • www.naturaparc.com • April und Okt. Sa, So, Mai, Juni und Sept. Mi, Sa, So, Juli, Aug. tgl., jeweils 13–18 Uhr• Eintritt 22 €, Kinder 7–15 Jahre 18 €, 3–6 Jahre 11 €

Parc animalier Friedel   südl. A 6

In dem 2 ha großen Tierpark tummelt sich von Federvieh über Schafe und Ziegen bis zu Ponys und Alpakas eine Vielzahl von Tieren. An allen Öffnungstagen werden um 18.30 Uhr (Aug.) oder 17.30 Uhr (Sept.) die Zicklein mit der Flasche gefüttert.
Illkirch-Graffenstaden • Rue du Girlenhirsch • Tram A: Colonne, Bus 62: Digue • Tel. 03 88 66 80 80 • www. illkirch-graffenstaden.fr • Nov.–Feb. Mi, Sa, So, feiertags 14–17, März, April, Sept., Okt. 14–18, Mai–Aug. 15–19 Uhr • Eintritt frei

Parc de l' Orangerie   G/H 2/3

Der Park bietet mit hundertjährigen Bäumen, Rosen, einem See und Wasserfall einen schönen Rahmen für einen Familienausflug. Oft stelzen hier Störche vorbei. Zudem gibt es einen Streichelzoo, einen Mini-Bauernhof und ein Karussell. Eignet sich gut für ein nettes Picknick.
Orangerie • Avenue de l'Europe • Tram E: Droit de l'Homme • tgl. geöffnet, Streichelzoo Mi, Sa, So, feiertags 14.15–17.45 Uhr • Eintritt frei

Parc du Petite Prince   südl. A 6

Der Park wurde 2014 in Ungersheim im Südelsass eröffnet und ist Nachfolger des Parks Bioscope. Hier können die Besucher mit einem Ballon 150 m hoch in die Luft gehen und das großartige Panorama genießen. Es gibt u. a. einen 3-D-Film über die Märchenfigur »der kleine Prinz« von Saint-Exupéry, nach dem der Park benannt ist, und ein 4-D-Abenteuer unter Wasser. Im Rosengarten lässt sich die bunte Welt der Schmetterlinge beobachten.
Ungersheim • rund 100 km südlich von Straßburg • Tel. 03 89 62 43 00 • www.parcdupetitprince.com • sehr unterschiedliche Öffnungszeiten, Juli, Aug. tgl. 10–19 Uhr, sonst meist Do oder Fr–So, im Winter geschl., genaue Zeiten auf der Website • Eintritt 22 €, erm. 16 €, Tageskarte (2 Erw. mit 2 Kindern) 69 €

Petit train (Minizug)   C 4

Der Minizug nimmt die Familie mit auf eine 40-minütige Reise in die typischen Viertel der elsässischen Metropole. Kleine Gassen, Gerberviertel, der Barrage Vauban (Vaubahn-Wehr) und die Ponts Couverts (gedeckte Brücken) ⭐ werden an-

Die Ausflugsboote von Batorama (▶ MERIAN TopTen, S. 51) sind die vielleicht gemütlichste Art, die Altstadt Straßburgs und das Europaviertel kennenzulernen.

gesteuert. Audio-Guides informieren auf Deutsch über Sehenswürdigkeiten und Geschichte.
Centre • Place Gutenberg • Tel. 03 88 77 70 03 • April–Nov. (außer 1. Mai) stdl. 10–18 Uhr • Tickets am Abfahrtspunkt an der Place Gutenberg • 6,50 €, erm. 3,50 €

Planétarium   📖 F 4
Mit seiner großen Kuppel und dem drittgrößten astronomischen Fernrohr Frankreichs beeindruckt das Planetarium der Universität Straß-

burg. Diverse Aktivitäten bringen Besuchern die Astronomie näher und führen in die Wissenschaft ein.
Université • 13, rue de l'Observatoire • Tram C, E, F: Observatoire • Tel. 03 68 85 24 50 • www.jardin-sciences.unistra.fr • Mo, Di, Do, Fr 9–12 und 14–17, Mi, So 13.45–17.30 Uhr • Eintritt bei Veranstaltungen 6 €, erm. 5 €, Kinder 4–14 Jahre 4 €

👫 Weitere Familientipps sind durch dieses Symbol gekennzeichnet.

Die einst vom Verkehr umtoste Place Kléber (▶ S. 76) ist heute ein Fußgängern vorbehaltener Platz, der zum Verweilen einlädt.

Unterwegs in **Straßburg**

Traditionelles und Modernes, eine reiche Geschichte, viel Kultur und dazu die französische Lebensart sorgen für puren Genuss beim Besuch der elsässischen Metropole.

Sehenswertes

Historie begegnet dem Besucher in Straßburg überall. Im
Stadtkern reiht sich eine Sehenswürdigkeit an die nächste,
während im Europaviertel Politikgeschichte geschrieben wird.

◀ Blick auf die heute »dachlosen« Ponts Couverts (▶ MERIAN TopTen, S. 58) und das Münster (▶ MERIAN TopTen, S. 59)

Straßburg ist zweifellos eine Schönheit in historischem Gewand. Nicht ohne Grund gehört die Grande Île zum UNESCO-Weltkulturerbe. Die Altstadt mit ihrem Fachwerk und ihren abends oft zauberhaft illuminierten Gebäuden nimmt den Besucher mit auf eine historische Zeitreise. Viele Highlights konzentrieren sich in der Altstadt und liegen dicht beieinander. Allen voran das Münster und sein Vorplatz als Zentrum der einstigen Reichsstadt. Hier versammeln sich die Besucher zahlreich, um das in Stein gehauene Meisterwerk zu bewundern. Außerdem locken zahlreiche Restaurants, nette Boutiquen und Geschäfte im historischen Kern der Stadt.

Bel(i)ebter Stadtkern

Alleine werden Sie allerdings selten sein. Straßburg ist eine sehr beliebte Touristenstadt. Spätestens ab Mai kommen die Besuchergruppen in Scharen – und bleiben bis zum Ende des Jahres. Denn speziell die Weihnachtszeit lockt noch einmal viele an. Der **Weihnachtsmarkt** ⭐ vor der Kulisse des eindrucksvollen Münsters, der »Christkindelsmärik«, ist einer der stimmungsvollsten im Land. Bereits seit 1570 wird diese Tradition gepflegt. Im Sommer dagegen kommt in der Stadt Festivalstimmung auf, wenn es zahlreiche Straßenmusiker, Theaterkompanien und andere Künstler nach draußen zieht und die gesamte Gegend rund um die **Cathédrale Notre-Dame** ⭐, die 2015 ihren 1000. Geburtstag feiert, vor kreativer Lebendigkeit sprüht.

Empfehlenswert ist eine Visite per **Ausflugsboot** ⭐. Batorama schippert jährlich rund 800 000 Touristen auf der Ill entlang der Altstadt. Idylle pur, denn Straßburg besitzt mit seinen Ill-Armen einen Inselcharakter. Oder Sie unternehmen eine Fahrt mit dem **Petit train**. Der Minizug fährt fast das ganze Jahr über stündlich von der Place Gutenberg durch die Altstadt und informiert per Audioguide in mehreren Sprachen über die Sehenswürdigkeiten. Als dritte Möglichkeit bietet sich »Vélhop« (www.velhop.strasbourg.eu) an. Das sind Fahrräder, die man für 5 € pro Tag (oder 1 € pro Std.) mieten kann, Stationen befinden sich u. a. am Bahnhof, an der Place Broglie und an der Place d'Austerlitz (▶ S. 123). Das ist vor allem dann sinnvoll, wenn man das »moderne Straßburg«, also das Europaviertel mit seinen diversen Institutionen, anschauen möchte, das etwas abseits der Altstadt liegt.

Aqueduc de Janus (Aquädukt des Janus)   📖 D 3

Das Monument nördlich des Münsters soll die Geburt der Zivilisation symbolisieren und wurde anlässlich des 2000. Stadtgeburtstags im Jahr 1988 errichtet. Der Entwurf für das Denkmal aus insgesamt 5000 handgefertigten Ziegeln und dem doppelgesichtigen bronzenen Januskopf im Brunnenbecken stammt von dem berühmten Straßburger Karikaturisten, Kinderbuchautor und Illustrator Tomi Ungerer. Den 1,50 m großen Januskopf, Sinnbild der konfliktreichen Geschichte des Elsass zwischen Deutschland und Frankreich, schuf der Bildhauer Denis Roth.
Centre • Place Broglie, Ecke Quai Schoepflin

★ Barrage Vauban (Vauban-Wehr) und Ponts Couverts (Gedeckte Brücken) 📖 B 4

Auf Veranlassung Ludwigs XIV. errichtete der berühmte französische Festungsbaumeister Vauban 1690 zum zusätzlichen Schutz der Stadt das **Vauban-Wehr**, auch »Grande Écluse« (Große Schleuse) genannt. Bei Bedarf konnte der gesamte südliche Teil Straßburgs geflutet werden, damit vordringende Truppen im Schlamm stecken blieben. Auf dem Wehr wurde eine sehr schöne **Aussichtsterrasse** angelegt, von der man über die Stadt und die Kanäle blicken kann.

FotoTipp

KLEIN-FRANKREICH IM BLICK

Ein Dreivierteljahrhundert nach seiner Errichtung wurde das Vauban-Wehr um eine Terrasse aufgestockt. Heute bietet Ihnen dieser Panoramapunkt einen wunderbaren Blick über Petite France und die Kanäle der Ill bis hinüber zum Münster. ▶ S. 58

In der Verlängerung des Gerberviertels Petite France erstrecken sich gegenüber dem Vauban-Wehr die **Gedeckten Brücken**, die den südwestlichen Befestigungsring des mittelalterlichen Straßburgs bildeten. Als ihr Dach 1784 abhanden kam, blieb der Name im Alltagsgebrauch dennoch bestehen. Drei kopfsteingepflasterte Brücken ersetzten die ursprünglichen holzgedeckten Brücken. Hinter ihnen erheben sich vier Wehrtürme aus dem 14. Jh. Diese Überreste der ehemaligen Stadtmauer galten als Garant für die Wehrhaftigkeit und die Unabhängigkeit Straßburgs.

Petite France • Place du Quartier Blanc, Place Henri Dunant • Aussichtsterrasse tgl. 9–19.30 Uhr • Eintritt frei

Boutique Culture / Ancienne Pharmacie du Cerf (Kulturboutique / Alte Apotheke) 📖 D 4

Direkt an der Place de la Cathédrale an der Ecke der Rue Mercière war einst mit der Pharmacie du Cerf eine der ältesten Apotheken Europas angesiedelt. Vom 13. Jh. bis ins Jahr 2000 wurden hier Arzneien verkauft. Als die Apotheke schloss, erwarb die Stadt Straßburg das Erdgeschoss und später auch die erste Etage. Heute sind in der Boutique Culture neben Informationen rund um die städtische Kultur auch Tickets für Konzerte, Opernvorstellungen und andere Veranstaltungen erhältlich.

An dem Gebäude steht an der Ecke noch eine **Säule** der alten Pharmacie. Im Mittelalter mussten die Ratsherren beweisen, dass sie sich nicht der Völlerei hingaben und das Volk hungern ließen. Einem alten Brauch folgend, mussten sie sich zwischen Gebäude und Säule durchlavieren. Eine zu üppige Körperfülle war daher hinderlich und konnte in einer misslichen Lage enden.

Centre • Rue Mercière, gegenüber dem Münster • Di–Sa 12–19 Uhr

Cabinet des Estampes et des Dessins (Kupferstichkabinett) 📖 D 4

1856 verfügte Napoleon III. die Einrichtung zweier Kaiserlicher Sanitätsakademien, eine davon in Straßburg. In dem klassizistischen Gebäude, einem der wenigen aus dieser Zeit in

Mit Hilfe der Barrage Vauban (▸ S. 58) konnten ein Teil Straßburgs geflutet und feindliche Belagerer davon abgehalten werden, in die Stadt einzudringen.

Straßburg, erhielten Militärärzte allerdings nur bis zum Deutsch-Französischen Krieg ihre Ausbildung. Heute sind in den Räumen rund 200 000 wertvolle Stiche, Radierungen etc. zu sehen (▸ S. 82).
Centre • 5, place du Château

Cathédrale Notre-Dame (Münster)   D 4

Es ist ein beeindruckendes Symbol kirchlicher Macht und ein Meisterwerk der Gotik. Das berühmte Bauwerk aus rosa Sandstein und der Münsterplatz zählen naturgemäß zur ersten Anlaufstelle der Reisenden. Das Münster überragt den weiten, gepflasterten Platz und erscheint dabei wie ein Bild aus dem Mittelalter. Auf einer Fläche von 112 m Länge und 51 m Breite strebt es gen Himmel. Über mehr als vier Jahrhunderte, von 1015 bis 1439, dauerten die Bauarbeiten. Errichtet wurde das Münster über den Grundmauern der alten Basilika, die Bischof Wernher (aus der Familie der Habsburger) 1015 als romanische Kirche begonnen hatte. Mit seinen 142 m war das Münster bis Ende des 19. Jh. das höchste Bauwerk der christlichen Welt.

Die Aussichtsplattform befindet sich auf dem unvollendeten **Südturm** in 66 m Höhe, zu erreichen über 332 Stufen. Das Panorama ist die Mühe aber in jedem Fall wert. Neben dem Blick über die Stadt sieht man auch die elsässische Tiefebene, die Vogesen und den Schwarzwald. Der nicht zugängliche, 132 m hohe **Nordturm** wird von einer 10 m hohen Spitze gekrönt.

Da die Basilika des Bischofs Wernher durch einen Brand zerstört wurde, entstand die Idee, stattdessen eine Kathedrale zu errichten. Ein Teil der Krypta wurde in die steinernen Überreste der früheren Werner-Basilika integriert. Um das Jahr 1225 erfolgte mit dem Eintreffen von Handwerkern aus Chartres eine tiefgreifende Wende im Bauvorgang. Ein Baumeister, dessen Name nicht überliefert ist, machte die lokalen Steinmetze mit der Schönheit der gotischen Kunst vertraut, die damals im Elsass noch unbekannt war.

Etwa 50 Jahre später wurde mit dem Bau der Hauptfassade begonnen, die am reichsten geschmückt ist. Das Kirchenschiff wurde von der Kathedrale Saint Denis beeinflusst und zwischen 1240 und 1275 erbaut. Die Mehrzahl der Glasarbeiten ist bis heute unversehrt geblieben. Deren Goldglanz ist auf die lichten Töne zurückzuführen, welche die Straßburger Glasmachermeister damals benutzten.

 ## FotoTipp

MÜNSTER

Das Münster ist natürlich das Straßburg-Motiv schlechthin. Problem: Das Bauwerk ist zu groß, um es aufs Bild zu bannen. Wenn Sie kein Weitwinkel benutzen, stellen Sie sich zum Fotografieren in die Rue Mercière und beziehen Sie die Geschäfte im Fachwerk-Ambiente als Rahmen mit ein. Besonders schön, wenn die Kathedrale abends illuminiert ist.   ▶ S. 59

Der Innenraum

Die älteste **Glasmalerei** im Kircheninnern stammt aus dem 13. Jh. und befindet sich im nördlichen Seitenschiff. Sie stellt einen Zug von deutschen Königen und Kaisern dar. Die »Jungfrau« im Chor und die Fenster-

rose der Münsterfassade sind modernen Ursprungs.

Die ältesten **Glasfenster** des Münsters stammen aus der ursprünglichen Basilika und stellen Johannes den Täufer, den Apostel Johannes sowie das Urteil des Salomon dar.

Im 16. Jh. wurde das Kirchenschiff um die **Chapelle Sainte-Catherine** (Katharinenkapelle) mit Glaskunst ausgeschmückt.

Im nördlichen Seitenschiff ist die Skulpturengruppe »**Christus am Ölberg**« zu sehen, die im Jahr 1498 entstand, gegenüber der **Taufstein** im spätgotischen Stil (1453).

Am Ende des nördlichen Seitenschiffs befindet sich die **Chapelle Saint-Jean** (Johanneskapelle) mit dem prächtigen Grabmal des Bischofs Conrad von Lichtenberg sowie einem Epitaph von Nicolas Gerhaert von Leyde (1464), das einen betenden Domherrn vor der Jungfrau mit dem Jesuskind zeigt.

Im Langhaus beeindruckt die von Hans Hammer geschaffene, reich verzierte **Kanzel** (1486) als opulentes spätgotisches Werk, das wie filigrane Spitze wirkt. Es gilt als eines der schönsten Beispiele der Steinmetzkunst seiner Epoche. An ihrem Aufgang liegt ein kleiner Hund, der angeblich dem Prediger Johann Geiler von Kaysersberg (1445–1510) gehörte. Der Legende nach geht ein Wunsch in Erfüllung, wenn man ihn streichelt.

Die **Schwalbennestorgel** im Langhaus zeichnet sich durch ihre reiche Verzierung und die drei heute noch funktionierenden, beweglichen Figuren (am Fuß und am Rand der Orgel) aus, welche aus dem 14. Jh. stammen. Früher schleuderten diese sowohl Gläubigen als auch dem

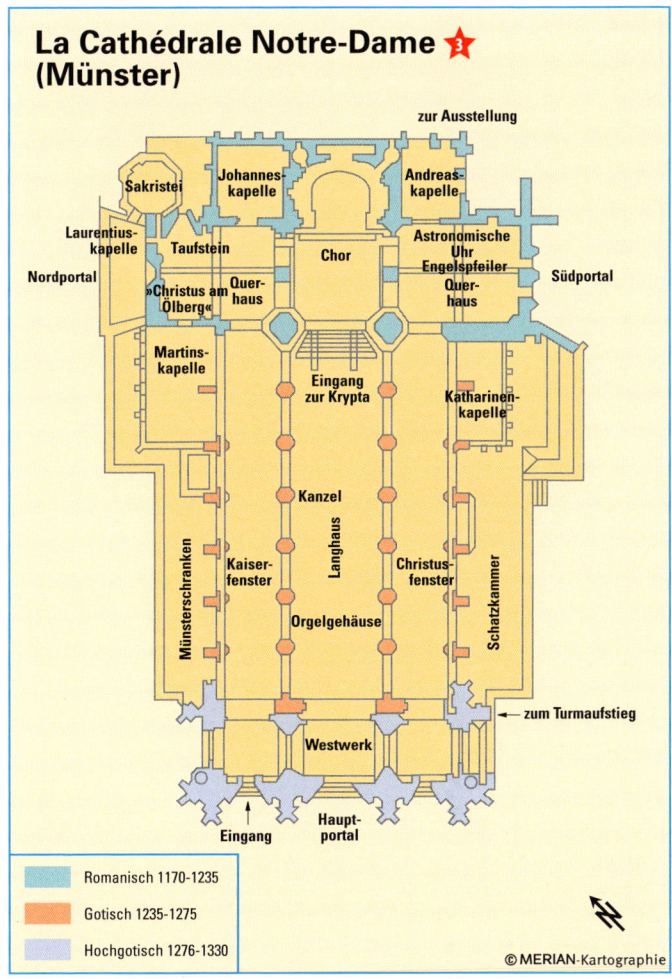

La Cathédrale Notre-Dame ★ (Münster)

zur Ausstellung

Sakristei

Johannes-kapelle

Andreas-kapelle

Laurentius-kapelle

Taufstein

Astronomische Uhr

Engelspfeiler

Nordportal

Chor

Südportal

»Christus am Ölberg«

Quer-haus

Quer-haus

Martins-kapelle

Eingang zur Krypta

Katharinen-kapelle

Kanzel

Münsterschranken

Kaiser-fenster

Langhaus

Christus-fenster

Schatzkammer

Orgelgehäuse

zum Turmaufstieg

Westwerk

Eingang

Haupt-portal

Romanisch 1170-1235

Gotisch 1235-1275

Hochgotisch 1276-1330

© MERIAN-Kartographie

Klerus respektlose Beschimpfungen entgegen – ein für das Mittelalter eigentlich unerhörtes Gebaren.

Im südlichen Querschiff finden Sie rechts des Chors die **L'Horloge Astronomique** (Astronomische Uhr). Ihr mit Schmuckelementen aus der Renaissance verziertes Gehäuse stammt aus dem 16. Jh. und wurde von Schweizer Uhrmachern ersonnen. Seit der Revolution 1789 außer Betrieb, hauchte ihr der Uhrmacher Jean-Baptiste Schwilgué im Jahre 1842 wieder neues Leben ein. Er bereicherte die Uhr um ein kopernikanisches Planetarium und die liturgische Kalenderrechnung. Jeden Tag um 12.30 Uhr setzt sich die Automa-

Die Astronomische Uhr (▶ S. 61) in der Cathédrale Notre-Dame ist ein technisches Meisterwerk der Renaissance und wiederholt ihr Schauspiel jeden Tag aufs Neue.

tentechnik in Bewegung. Ein Schauspiel, das man sich nicht entgehen lassen sollte. Man sieht, wie die Apostel unter dem Flügelschlagen und Krähen eines Hahns an Christus vorüberziehen. Etwas unterhalb sind die vier Lebensalter – Kind, Jüngling, Erwachsener und Greis – dargestellt, die am Tod vorbeiziehen.

Ein weiterer Hingucker ist »**Le pilier des Anges**«, der Engelspfeiler gleich neben der Astronomischen Uhr. Die Säule aus dem 13. Jh. mit zwölf herrlichen Skulpturen, darunter Christus, der auf der Spitze thront, galt bereits zu seiner Zeit als handwerkliche Meisterleistung.

Links von der Astronomischen Uhr schließlich ist die im 15. Jh. entstandene bemerkenswerte Figur eines Mannes zu sehen, der an eine Balustrade gelehnt ist. Der Überlieferung nach soll er misstrauisch gewesen sein und an der Tragfähigkeit des Pfeilers gezweifelt haben. Er gelobte, dort so lange zu stehen, bis der Pfeiler einstürzt.

Die Portale der Westfassade

Reicher Ornamentschmuck ziert auch die Portale. Die Schmuckfläche im Bogenfeld des **Hauptportals** in der Mitte der Westfassade zeigt die Passion Christi. Die mit 32 Weizenähren verzierte große **Rose** über dem Hauptportal verkörpert den Reichtum der Stadt im Mittelalter und beeindruckt mit einem Durchmesser von fast 14 m. Direkt über der Rose spannt sich die **Apostelgalerie**, in der die zwölf Apostel nebeneinander aufgereiht stehen.

Links davon zeigt das **nördliche Seitenportal** die Tugenden, welche die Laster besiegen. Das **südliche Seitenportal** ist mit den törichten und klugen Jungfrauen verziert. Das Gleichnis besagt, dass die törichten

Jungfrauen vom Apfel naschen, welche ihnen ein Adliger offeriert. Der Herr mit dem schelmischen Lächeln ist jedoch der Teufel in Menschengestalt. Bei genauerem Betrachten erkennt man am Rücken des Adligen die Teufelsbrut sich entlangschlängeln.

Münster und Jakobinermütze

Es ist ein skurriles Kapitel der 1790er-Jahre im hysterischen Fahrwasser der Revolution: Die Jakobiner planten, die Kirchturmspitze des Münsters als verhasstes Symbol kirchlicher Macht abzureißen. Der Straßburger Jean-Michel Sultzer hatte jedoch die clevere Idee, der Spitze einfach eine Jakobinermütze aufzusetzen, um die Ideen der Revolution weithin sichtbar zu machen. Gesagt, getan. Von 1794 bis 1802 überragte tatsächlich eine rot gestrichene Blechmütze das Münster. Die Münsterspitze war somit gerettet. Als kleine Erinnerung hat gegenüber der Nordfassade ein Antiquitätengeschäft das Münster mit Mütze in einem alten Nasenschild außen angebracht. Wenn Sie an der Fassade nach oben blicken, können Sie genau darüber die Büste des Retters sehen.
Centre • Place de la Cathédrale • www.cathedrale-strasbourg.fr • **Münster** tgl. 7–11.20 und 12.40–19 Uhr, keine Besichtigung während der Gottesdienstzeiten So und feiertags • Eintritt frei • **Südturm** Aufstieg April–Sept. tgl. 9–19.15, Okt.–März tgl. 10–17.15 Uhr, im Juli und Aug. Fr, Sa auch abends, 1. Jan., 1. Mai, 25. Dez geschl. • Eintritt 5 €, erm. 2,50 €, Kinder unter 5 Jahren frei, Kartenverkauf am Eingang • **Astronomische Uhr** Vorführung tgl. 12.30 Uhr • 2 €, erm. 1,50 €, Kinder unter 6 Jahren frei, sonntags für alle kostenlos, Karten am Postkartenstand 9–11 oder an der Kasse am südlichen Seitenportal 11.30–12 Uhr

WEGZEITEN (IN MINUTEN) ZWISCHEN WICHTIGEN SEHENSWÜRDIGKEITEN

	Cathédrale (Münster)	Conseil de l'Europe	Cour des Droits de l'Homme	Petite France	Maison Kammerzell	Maison des Tanneurs	Palais de la Musique	Palais des Rohan	Parc de l'Orangerie	Ponts Couverts	Saint-Thomas
Cathédrale (Münster)	–	30	40	15	2	15	25	5	30	20	15
Conseil de l'Europe	30	–	5	35	30	40	20	30	5	40	35
Cour des Droits de l'Homme	40	5	–	45	40	45	30	35	10	45	40
Petite France	15	35	45	–	15	9	30	20	35	5	5
Maison Kammerzell	2	30	40	15	–	15	25	5	30	20	10
Maison des Tanneurs	15	40	45	9	15	–	35	15	43	15	15
Palais de la Musique	25	20	30	30	25	35	–	30	15	45	40
Palais des Rohan	5	30	35	20	5	15	30	–	25	30	15
Parc de l'Orangerie	30	5	10	35	30	43	15	25	–	45	35
Ponts Couverts	20	40	45	5	20	15	45	30	45	–	15
Saint-Thomas	15	35	40	5	10	15	40	15	35	15	–

Cinéma L'Odyssée · C 4

Das Kino in der Innenstadt kann auf eine mehr als 100-jährige Tradition als Lichtspielhaus zurückblicken. Neben dem Eden Théâtre in La Ciotat bei Marseille ist es das älteste Kino in ganz Frankreich. Es wurde 1914 unter deutscher Besatzung eröffnet. Während damals vorwiegend deutsche Propagandafilme liefen, sind heute vor allem europäische Filme, Retrospektiven und Arthouse-Filme zu sehen.
Centre • 3, rue des Francs-Bourgeois • Tel. 03 88 75 10 47 • www.cinema odyssee.com

 MERIAN Tipp

CAVE HISTORIQUE DES HOSPICES

Den historischen Weinkeller des Straßburger Spitals gibt es seit Ende des 14. Jh. Wenn Sie hinabsteigen in die Gewölbe, betreten Sie eine Welt voller Holzfässer mit Rebensaft. Der kostbarste Schatz, der hier gehütet wird, ist ein Weißwein des Jahrgangs 1472, den es allerdings nicht zu verkosten gibt. ▸ S. 21

Cour du Corbeau (Rabenhof) · D 5

Nicht weit entfernt vom »Alten Kaufhüs«, der L'Ancienne Douane (▸ S. 72) und der Rabenbrücke liegt der Rabenhof. In das Holztor vor dem Hof ist ein aus Eisenstäben geschmiedeter Rabe quasi als Erkennungszeichen eingearbeitet. Den Innenhof rahmen malerische Fachwerkhäuser ein, die zum vielleicht schönsten Ensemble in der Stadt zählen. Vom 16. bis ins 19. Jh. war es eine Herberge, in der berühmte Gäste übernachtet haben. Der Fürst von Bayern, der polnische König, der deutsche Kaiser und etliche mehr betteten hier ihr Haupt. Heute befindet sich in dem architektonischen Schmuckstück ein luxuriöses Viersternehotel (▸ S. 25), nachdem das Gebäude mehr als zwei Jahrzehnte verlassen war.
Krutenau • 1, place du Corbeau

Drehbrücke · B 4

Die Fußgängerbrücke über die Ill in Petite France wurde 1880 gebaut und stellt ein bemerkenswertes technisches Relikt dar. Um der Schifffahrt die Durchfahrt zu ermöglichen, wird sie einfach geschwenkt. Der Pont du Faisan, wie die Brücke eigentlich heißt, ist daher auch als »pont tournant«, Drehbrücke, bekannt.
Petite France • Rue des Moulins

Église protestante Saint-Pierre-le-Jeune · C 3

Die Kirche Jung-Sankt-Peter zählt zu den kunsthistorisch bedeutendsten Kirchengebäuden Straßburgs. Im Jahr 1031 wurde am Standort einer merowingischen Kapelle mit den Bauarbeiten für die heutige Kirche begonnen. 1053 wurde sie vom elsässischen Papst Leo IX. geweiht. 1524 führte Straßburg die Reformation ein und die Kirche wurde lutherisch. Das katholische Stiftskapital ging nach Molsheim. Es ist vor allem die Fülle an Wandmalereien, welche die Kirche zu einem Kleinod macht. In der Kirche existiert ein Kreuzgang, der als ältester nördlich der Alpen gilt. Bemerkenswert ist ferner die Silbermann-Orgel aus dem 18. Jh.
Centre • 3, rue de la Nuée Bleue • Tel. 03 88 32 41 61 • April–Okt.

Kunsthistorisch bedeutsam ist die Église Saint-Pierre-le-Jeune (▶ S. 64) vor allem wegen ihrer zahlreichen, mehrere Jahrhunderte alten Fresken.

Mo 13–18, Di–Sa 10.30–18, So 14.30–18, Dez. Fr–So 12–17 Uhr, geführte Besichtigung nach telefonischer Anmeldung

Église protestante Saint-Thomas   📖 C 4

Auf den Fundamenten mehrerer romanischer Bauwerke wurde die heutige Kirche von 1196 bis ins 16. Jh. hinein erbaut. Die protestantische Kirche ist ein herausragendes Beispiel für die elsässische Gotik und birgt im Innern das opulente Grabmal des Maréchal Maurice de Saxe (Moritz von Sachsen), das von 1756 bis 1776 im Auftrag König Ludwigs XV. von Jean-Baptiste Pigalle angefertigt wurde. Auf Initiative von Albert Schweitzer wurden dort Gedenkkonzerte zum Tod von Johann Sebastian Bach gespielt. Diese Tradition lebt bis heute fort. Eine Besonderheit der imposanten Kirche sind die Orgeln aus dem 18. und 19. Jh. Centre • Place Saint-Thomas • Tel. 03 88 32 14 46 • tgl. Feb. 14–17, März, Nov., Dez. 10–17, April–Okt. 10–18 Uhr, geführte Besichtigung nach telefonischer Anfrage

Église Saint-Pierre-le-Vieux

B 4

Die überwiegend im Stil der Gotik errichtete Kirche besteht aus zwei rechtwinklig zueinander angeordneten Teilen, von denen der eine als katholische, der andere als protestantische Kirche genutzt wird. 1683 wies Ludwig XIV. den Chor den Katholiken und das Schiff den Protestanten zu. Die protestantische Gemeinde benutzt das ab 1381 erbaute und Anfang des 15. Jh. erweiterte Schiff, die katholische einen 1866 im rechten Winkel anstelle des ursprünglichen Chors errichteten Neubau. Eine zweifellos ungewöhnliche Kombination und ein Symbol der Straßburger Ökumene.

Centre • Place Saint-Pierre-le-Vieux • Tel. 03 88 23 56 46 • tgl. 8.30–19 Uhr, geführte Besichtigung nach telefonischer Anfrage

ENA

B 4

Die École nationale d'administration (Nationale Hochschule für Verwaltung, kurz ENA) gilt als die Kaderschmiede für französische Politiker und Verwaltungsbeamte auf höchster Ebene. Ursprünglich war die 1945 gegründete Einrichtung in Paris angesiedelt, 1992 wurde sie nach Straßburg verlegt. Ein Großteil der Politiker der französischen Regierung war an der ENA. Für die Besucher sind die Pforten das ganze Jahr über geschlossen. Nur an den »journées du patrimoine« (Tagen des Erbes) Ende September eines jeden Jahres wird ihnen gestattet, einen Blick in die Elite-Hochschule zu werfen. Die Einrichtung im historischen Gemäuer liegt direkt gegenüber dem Vauban-Wehr.

Petite France • 1, rue Sainte-Marguerite

An den Europäischen Gerichtshof für Menschenrechte (▶ S. 68) kann sich jeder wenden, ob Individuum oder Staat, der seine Grundrechte verletzt sieht.

Europaviertel   ■■ G/H 1

Straßburg versteht sich mit seinen verschiedenen Institutionen der Europäischen Union als Hauptstadt Europas und gleichzeitig als Symbol deutsch-französischer Aussöhnung. »Wir Elsässer sind die Sieger der Geschichte«, hat einmal der Straßburger Künstler Tomi Ungerer gesagt, obwohl die Elsässer das wohl lange anders empfunden haben. Denn unter den Kriegen zwischen Frankreich und Deutschland hat das Elsass bekanntlich am meisten gelitten. Viermal wechselten die Elsässer von 1870/71 bis zum Ende des Zweiten Weltkriegs gezwungenermaßen die Staatsbürgerschaft. Mal gehörten sie zu Frankreich, mal zu Deutschland. Viele zerrüttete Biografien und tragische Schicksale auf beiden Seiten hatte dies zur Folge. Am Ende hat das Elsass möglicherweise von der Geschichte profitiert, denn nicht zuletzt aufgrund dieser Historie fiel vielleicht die Wahl für den Sitz vieler EU-Institutionen auf Straßburg.

Die wichtigste dieser Einrichtungen ist das **Europäische Parlament**. Hinter geschwungenen Glasfassaden, in denen sich Himmel und Wasser spiegeln, wird hier über die Zukunft Europas debattiert. Auch der **Europarat** sowie der **Europäische Gerichtshof für Menschenrechte** sind hier angesiedelt. Alle drei liegen sich im Norden der Stadt gegenüber, wo sich Ill und Rhein-Marne-Kanal kreuzen. Das Viertel, das 1949 am Ufer der Ill angelegt wurde, ist im Laufe der Jahrzehnte stetig gewachsen.

Ganz in der Nähe zu den EU-Institutionen hat, ebenfalls idyllisch an der Ill gelegen, der deutsch-französische TV-Sender »arte« seinen Sitz.

Parlement Européen
(Europäisches Parlament)   ■■ G 1

Nach fünfjähriger Bauzeit wurde das Gebäude des Europäischen Parlaments 1999 fertiggestellt und von den Abgeordneten bezogen. Das Parlament ist das einzige direkt gewählte Organ der Europäischen Union. Es ist zusammen mit dem Europarat an Gesetzgebungsverfahren beteiligt, entscheidet mit diesem über den Jahreshaushalt der EU und übt eine allgemeine Kontrollfunktion aus.

Viel Glas und der runde, zum Münster hin oben offene Turm verleihen dem Komplex ein sowohl transparentes wie futuristisch anmutendes Erscheinungsbild. So kommt zur politischen Bedeutung noch eine beeindruckende Architektur hinzu.

Die Nutzfläche des Europäischen Parlaments umfasst 220 000 qm, Herzstück ist der holzverkleidete **Plenarsaal** für die 750 Abgeordneten der derzeit 28 Mitgliedsstaaten (und Platz für mehr als 600 Besucher) im bumerangartigen, mit 13 000 qm Glas verkleideten Flügel am Zusammenfluss von Ill und Rhein-Marne-Kanal. Dahinter erhebt sich der 60 m hohe **Turm**, in dessen 17 Stockwerken 1133 Büros untergebracht sind. Hinzu kommen eineinhalb Dutzend unterschiedlich große Säle für Ausschüsse und Sitzungen für bis zu 350 Personen.

Für Besucher gibt es eine Cafeteria, eine Bar und einen Souvenirladen. Fast fühlt man sich in der zentralen Einrichtung der EU wie in einer eigenen, kleinen Stadt.

Über einen Verbindungsgang über die Ill ist das Europäische Parlament mit dem Gebäude des Europarats verbunden.

Conseil de l'Europe
(Europarat)   G 1

Bis zur Fertigstellung des Europäischen Parlaments fanden die Straßburger Plenarsitzungen im **Palais de l'Europe** (Europapalast) am gegenüberliegenden Ufer der Ill statt, wo der Europarat seinen Sitz hat. Anders als das Europäische Parlament zählt er 47 Mitgliedstaaten, zu denen neben den 28 EU-Mitgliedern u. a. auch Länder wie die Russische Föderation und Weißrussland gehören und in denen insgesamt 820 Mio. Menschen leben. Zielsetzung des Europarats ist die Stärkung der Demokratie, der Wahrung von Menschenrechten sowie der Rechtsstaatlichkeit auf dem gesamten europäischen Kontinent. Soziale und kulturelle Themen sowie Fragen zur Bildung stehen ebenfalls im Fokus.

Der Europarat ist die älteste politische Institution in Europa. Bereits 1942 wurde er vom damaligen britischen Premierminister Winston Churchill, allerdings aus noch ganz anderen Motiven heraus, angeregt. Die Gründung erfolgte schließlich 1949 durch zehn westeuropäische Staaten. Das 1977 errichtete Gebäude ist das älteste der Einrichtungen im Europaviertel. Seine Architektur – eine in der Entstehung befindliche Pyramide – soll symbolisieren, dass Einheit Stärke bedeutet. Drinnen befinden sich auf einer Fläche von 64 000 qm rund 1000 Büros, 17 Sitzungssäle und ein Plenarsaal mit 600 Plätzen.

Cour Européenne des Droits de l'Homme (Europäischer Gerichtshof für Menschenrechte)   G/H 1

Das 1995 an der Ill nach Plänen des britischen Star-Architekten Richard Rogers (nach dessen Entwürfen auch das Centre Pompidou in Paris entstand) errichtete Gebäude imponiert durch seine Architektur mit zwei Metallzylindern, die die Waagschalen der Justitia symbolisieren. Der Eingang mit der gläsernen Fassade soll Ausdruck einer transparenten Justiz sein. An den Gerichtshof kann sich jeder wenden, ob Individuum oder Staat, der seine Grundrechte verletzt sieht. Die Anzahl der Richter entspricht der Anzahl der Staaten, die die Europäische Konvention für Menschenrechte ratifiziert haben und deckt sich mit der des Europarats: 47. Der Gerichtshof fällt durchschnittlich rund 1600 Urteile pro Jahr.

Européen • **Europäisches Parlament** • Allée du Printemps • Tram E: Parlament Européen • Besucherdienst Tel. 03 88 17 40 01 • www.europarl. eu • Mo–Fr • in der Regel Gruppenbesuche (Dauer 1–1½ Std.), nur begrenzte Anzahl an Einzelbesuchern während der Plenarsitzungen erlaubt • Besucheranträge sind schriftlich beim Besucherdienst zu stellen (über die Website möglich) • Besucher müssen mind. 14 Jahre alt sein und einen Personalausweis oder Reisepass vorweisen können

Conseil de l'Europe • Avenue de l'Europe • Tram E: Droits de l'Homme • Besucherdienst Tel. 03 88 41 20 29 • www.coe.int • Mo–Fr • Besuche sind nach Anmeldung beim Besucherdienst möglich (Ausweis mitbringen) • Führungen (1 Std.) werden angeboten

Cour Européene des Droits de l'Homme • Rue Boecklin • Tram E: Droits de l'Homme • Tel. 03 90 21 52 17 • www.echr.coe.int • Mo–Fr • individuelle Besuche sind nach Anmeldung möglich

Gare de Strasbourg
(Hauptbahnhof)   📖 A 3

Sehr repräsentativ empfängt der denkmalgeschützte Hauptbahnhof von Straßburg den Besucher. Vor allem die gewagte Kombination von gewölbtem Glasvorbau und wilhelminischer Baukunst machen ihn besonders. Als er 1883 eingeweiht wurde, zählte er zu den ersten größeren öffentlichen Gebäude der neuen deutschen Machthaber. Errichtet wurde er nach Plänen des Berliner Architekten Johann Eduard Jacobsthal im Stil der Neorenaissance auf dem Areal der früheren Vauban-Befestigungen. Den damaligen Gepflogenheiten folgend, wurde viel verherrlichender Schmuck in den Bau integriert, um keinen Zweifel an der Zugehörigkeit des Reichslands Elsass-Lothringen zum Deutschen Kaiserreich aufkommen zu lassen. Manifest wurde dies insbesondere in Gestalt von zwei großen Fresken in der Bahnhofshalle, die auf der einen Seite Friedrich Barbarossas Einzug in Haguenau 1164 zeigten und ihm gegenüber Kaiser Wilhelm I. bei dessen Besuch in Straßburg 1877. Als Straßburg dann 1918 wieder französisch wurde, entfernte man diesen symbolträchtigen Dekorschmuck freilich wieder. Lediglich die beiden Statuen, die den Handel und die Landwirtschaft darstellen, sowie die allegorischen Flachreliefs von Elsass und Lothringen des Berliner Künstlers Otto Geyer sind noch als Fassadenzier erhalten.

Bis heute existieren in dem weitgehend unveränderten Bahnhofsgebäude die einstmals reich ausgestalteten Räumlichkeiten für die kaiserliche Familie, die direkt auf den Bahnsteig führen, sowie die neu-gotische Überdachung, die über den Bahnsteigen zum Schutz der Fahrgäste angebracht wurde.

2007 wurde dem historischen Gebäudeteil eine voluminöse Glashülle vorgebaut, die sich über eine Länge von 120 m und bis zu 25 m hoch wie eine Blase wölbt. Sie entstand im Zuge der Umbau- und Modernisierungsarbeiten, um Anschluss an den Hochgeschwindigkeitszug TGV zu schaffen.

Gare • Place de Gare

Goethe-Denkmal   📖 F 3

Der deutsche Dichter und Schriftsteller studierte 1770–1771 an der Straßburger Universität. In dieser Zeit lernte er im nordelsässischen Sessenheim unweit von Straßburg die Pfarrerstochter Friederike Brion kennen und lieben. Ihr hat er auch eine ganze Reihe seiner Sturm- und Drang-Gedichte gewidmet. Die Liebe allerdings hielt nur einen Sommer. Das von dem Bildhauer Ernst Waegener geschaffene Denkmal wurde 1904 auf der Place de l'Université aufgestellt. Goethe lebte in seiner Straßburger Studienzeit in der Rue du Vieux Marché aux Poissons im Haus Nr. 36, wo über dem ersten Stock als Erinnerung ein Bronzemedaillon an der Fassade angebracht ist.

Allemand • Place de l'Université

Grande Île (Große Insel)
📖 B–E 3/4

Das historische Zentrum Straßburgs steht seit 1988 auf der Liste des UNESCO-Weltkulturerbes. Es war damals das erste Mal in Frankreich, dass nicht ein Denkmal oder ein einzelnes Gebäude, sondern ein komplettes Stadtareal Eingang auf

Mehrere Tausend Pflanzenarten gedeihen im Jardin Botanique (▶ S. 71) auf dem Universitätsgelände. Seine Anfänge reichen bis ins 17. Jh. zurück.

diese Liste fand. Bei einem Blick auf den Stadtplan wird schnell deutlich, was mit Grande Île gemeint ist; sie bezeichnet jenen Teil der Stadt, der als Insel von der **Ill** und dem **Fossé du Faux Rempart** (»Falschwallkanal«) umflossen wird. Es ist jener Bereich, in dem sich im Mittelalter der Handel, die politische Macht und das kirchliche Leben konzentrierten. Sichtbar wird dies an den vielen baulichen Denkmälern und Ensembles, Kirchen, Palais und alten Stadthäusern, die hier dicht gedrängt stehen, allen voran die buchstäblich alles überragende **Cathédral Notre-Dame** ⭐ (▶ S. 59) als zentraler Ankerpunkt. Aus dem Gewirr an Gassen und Straßen mit Fachwerkhäusern und Plätzen führen heute 21 Brücken und Überwege von der Insel und verbinden den alten Kern mit dem übrigen Stadtgebiet. Centre

Grande Mosquée (Große Moschee)   B 6

Die 2012 eingeweihte Straßburger Moschee gilt als das größte moslemische Bauwerk in Ostfrankreich und bietet Platz für rund 2000 Gläubige. Finanziert wurde sie u. a. mit Unterstützung aus Marokko und Saudi-Arabien. Im Elsass leben rund 150 000 Moslems.
Im selben Jahr richtete die Stadt auch den ersten moslemischen Friedhof in Frankreich ein.
Heyritz • 6, rue Averroès

Grand' Rue (Langstross)   B/C 4

Bereits zu Zeiten der Römer führte die heutige Grand' Rue als Verlängerung der Ost-West-Achse Decumanus Maximus (heute Rue des Hallebardes) zur Römerstraße zwischen Argentoratum, so der damalige Name des Römerlagers auf der Grande Île, und Divodurum Mediomatricorum (heute Metz). Entlang dieser Verbindung siedelten sich am Rand des Legionslagers Handwerker, Händler und Wirte an, doch erst im 12. Jh. wurde die Straße in die Stadterweiterung einbezogen.

Heute bekommt man entlang der Grand' Rue (oder Langstross) wie in einem Geschichtsbuch der Architektur die verschiedenen Baustile vom 16. bis zum 19. Jh. exemplarisch präsentiert. In den historischen Gebäuden finden Sie zudem viele nette Geschäfte, Boutiquen und Restaurants. Die Straßen und Gassen der Umgebung tragen oft noch die Bezeichnungen der Gewerke, die sie einst prägten, etwa die Rue des Tonneliers (Gasse der Böttcher/Küfer), Rue du Vieux Marché aux Poissons (Alte Fischmarktstraße), Rue des Cordonniers (Straße der Schuhmacher) oder Rue des Serrurier (Straße der Schlosser).

Eine besondere Erwähnung verdient das frühere Hotel **Au Grand Anneau d'Or** (126, Grand' Rue). Dort soll der Offizier Claude Joseph Rouget de Lisle in der Nacht vom 25. auf den 26. April 1792 auf Wunsch des damaligen Straßburger Bürgermeisters Dietrich die »**Marseillaise**«, die spätere französische Nationalhymne, kurz nach der Kriegserklärung an Österreich komponiert haben. Sie trug zunächst den Titel »Chant de guerre pour l'armée du Rhin«, (Kriegslied für die Rheinarmee) und war dem Oberbefehlshaber und Gouverneur von Straßburg, dem Grafen Nicolas Luckner, gewidmet, der im Jahr zuvor zum Marschall von Frankreich ernannt worden war. Drei Jahre später wurde das Kriegslied zur Nationalhymne Frankreichs.
Centre

Hôtel Cathédrale   D 4

Es ist ein etwas bizarrer Anblick. In der Fassade des Hôtel Cathédrale gegenüber dem Münster steckt an einer Ecke eine Granate aus Zeiten des Deutsch-Französischen Kriegs von 1870/71, als preußische Truppen Straßburg belagerten. Quasi als Mahnmal hat man das Geschoss in dem blauen Hotelgebäude belassen, das aus zwei Gebäuden besteht. Auch in der Brasserie au Canon (1, place du Corbeau) finden sich noch Relikte von Granaten der preußischen Belagerer in der Fassade. Mehr als 500 Häuser wurden durch die Einschläge der Mörsergeschütze damals vollständig zerstört. Am Straßburger Münster wurde zudem der Dachstuhl beschädigt und eines der kunstvollen Fenster zerstört.
Centre • 13, place de la Cathédrale

⬛📷 FotoTipp

MAISON KAMMERZELL

Es ist eines der schönsten Fachwerkhäuser der deutschen Spätgotik und zählt zu den prächtigsten Gebäuden Straßburgs. Den besten Blick darauf haben Sie vom gegenüberliegenden Münster.   ▶ S. 73

Jardin Botanique (Botanischer Garten)   F 4

Bereits 1619 legte die Universität Straßburg einen Botanischen Garten an. Die heutige 3,5 ha große Anlage im Quartier Allemand wurde 1884 unter den Deutschen eingerichtet. Mit seiner üppigen Vegetation und den Gewächshäusern ist der Garten eine wahre Oase inmitten der Stadt. Mehr als 6000 Pflanzenarten gedeihen hier. Besonders sehenswert ist das denkmalgeschützte zwölfeckige Tropenhaus »Serre de Bary«, das neben diversen tropischen Wasserpflanzen beeindruckende Riesenseerosen aus dem Amazonasgebiet in einem beheizten Becken zeigt.

Université • 28, rue Goethe • Tram C, E, F: Université • 1. März–23. Dez tgl. 14–18, im Sommer bis 19, im Winter bis 16 Uhr • Am 1. Sonntag im Monat kostenlose Führung • Eintritt frei

📷 FotoTipp

FACHWERKIDYLLE

An der Place Benjamin Zix in Petite France haben Sie die schönsten Fachwerkhäuser im Blick. Fokussieren Sie die Maison des Tanneurs – das Postkartenmotiv schlechthin – und nehmen Sie die Fassaden der Rue du Bain-aux-Plantes mit ins Bild.   ▸ S. 72

Jardin des Deux Rives / Garten der zwei Ufer 👫   📖 südöstl. H 6

Anlässlich der Landesgartenschau 2004, die Straßburg und die benachbarte badische Stadt Kehl gemeinsam ausrichteten, wurde der grenzübergreifende Park zu beiden Seiten des Rheins auf französischer und deutscher Seite als Symbol der Freundschaft beider Länder angelegt. Neben Spazierwegen, Spielbereichen und gartenarchitektonischen Installationen macht auch die imposante Brücke über den Rhein, die Passerelle des Deux Rives, einen Besuch interessant. Sie schwingt sich in elegantem Bogen als Doppelbrücke für Fußgänger und Radfahrer in mehr als 30 m Höhe auf über den Fluss und verbindet die beiden Ufer. Über der Fluss-

mitte treffen die beiden Überwege in einer Aussichtsplattform zusammen. Heute finden in dem Park auch regelmäßig französisch-deutsche Kulturveranstaltungen statt.

Neudorf • 3, rue des Cavaliers • Bus 2, 21: Jardin des Deux Rives

L'Ancienne Douane (Altes Zollhaus)   📖 D 4

Die Lage Straßburgs an wichtigen Handelsrouten und Wasserwegen ließ im Mittelalter den Handel florieren. Wein, Stoffe und Getreide beispielsweise gingen von hier auf die Reise, im Gegenzug kamen begehrte Waren wie Glas, Gewürze, Seide und Pelze in die Stadt. Die Schifffahrt am Oberrhein zwischen Straßburg und Mainz wurde von der einflussreichen Schifferzunft »Anker« kontrolliert, die in dem 1358 errichteten Gebäude am Pont du Corbeau (Rabenbrücke) die steuerpflichtigen Waren zwischenlagerte. Im Zweiten Weltkrieg wurde das Zollhaus stark beschädigt, in den 1960er-Jahren im alten Stil wiedererrichtet. Heute befindet sich darin ein beliebtes elsässisches Restaurant (▸ S. 31) mit einer schönen Terrasse über der Ill.

Petite France • 6, rue de la Douane

Maison des Tanneurs   📖 B 4

Die Ursprünge des Fachwerkgebäudes gehen auf das Jahr 1572 zurück. Das einstige Gerberhaus beherbergt heute ebenfalls ein gut besuchtes elsässisches Restaurant (▸ S. 30). Für viele Touristen ist die Maison des Tanneurs mit ihren Erkern und Giebeln und dem auffälligen, kunstvollen Namenszug auf der Fassade die erste Begegnung mit Petite France und seinen gemütlichen kopfsteingepflasterten Gassen. Fast symbolhaft

Besonders stimmungsvoll präsentiert sich Straßburg mit seinen Weihnachts-
märkten (▸ MERIAN TopTen, S. 79), die auf verschiedenen Plätzen stattfinden.

verkörpert sie das frühere Gerber-
viertel und ist mit ihrer pittoresken
Lage an der Ill ein entsprechend be-
liebtes Fotomotiv. Viele prominente
Besucher waren in dem Restaurant
schon zu Gast, darunter der frühere
US-Präsident Ronald Reagan und
seine Frau Nancy.
Petite France • 42, rue du Bain-aux-
Plantes

Maison Égyptienne
(Ägyptisches Haus)   D 2
Im Herzen des Quartier Allemand
können Sie in der Rue du Général
Rapp eine überraschende Entde-
ckung machen: ein Gebäude aus der
Belle Époque, reich mit Jugendstilor-
namenten und einem großen ägyp-
tisch inspirierten Fresko geschmückt,
das 1905 entstand und Pharaonen,
Vögel und Lotuspflanzen zeigt.
Allemand • 10, rue du Général Rapp •
Tram: B, C, E: République

Maison Kammerzell   D 4
Von den zahlreichen mittelalterlichen Häusern am Münsterplatz und
in ganz Straßburg ist die Maison
Kammerzell wohl das prachtvollste.
Es gilt als eines der schönsten Fachwerkhäuser der deutschen Spätgotik. Das nach seinem Besitzer im
19. Jh. benannte, mehrfach restau-
rierte Fachwerkgebäude, wurde 1589
vom Kaufmann Martin Braun auf
dem steinernen Erdgeschoss von
1467 errichtet. Der überreich ge-
schnitzte Fassadenschmuck huldigt
den Idealen des Humanismus, hinzu
kommen Motive des Tierkreises sowie Darstellungen der fünf Sinne,
der Lebensalter und diverse Allego-
rien der Tugenden. Im Innern befindet sich ein beliebtes Restaurant
(▸ S. 30), dessen Außenbereich bei
schönem Wetter ein herrlicher Platz
mit Blick auf das Münster ist.
Centre • 16, place de la Cathédrale

⭐ Palais Rohan   📖 D 4

Die ehemalige Residenz der Straßburger Fürstbischöfe in Nachbarschaft des Münsters zählt zu den bedeutendsten Bauwerken der Stadt. Das Barock-Ensemble wurde zwischen 1732 und 1742 für Kardinal Armand Gaston Maximilien de Rohan errichtet. Drei weitere Kardinäle und Fürstbischöfe sollten ihm aus der mächtigen Familie Rohan folgen, dem letzten jedoch, Louis René Edouard de Rohan, kam eine unglückliche Rolle in der »Halsbandaffäre« 1785 zu, einem Betrugsskandal, in den die französische Königin Marie-Antoinette verwickelt war.

Heute beherbergt das Palais drei sehenswerte Museen: das Musée Archéologique, das Musée des Arts Décoratifs und das Musée des Beaux-Arts (▸ S. 83, 85).

Centre • 2, place du Château

Parc de la Citadelle 🧒🏻   📖 G/H 5/6

Der schöne, 12 ha große Park liegt am Rand des Stadtzentrums am Bassin de la Citadelle des Rhein-Rhone-Kanals. Er wurde auf den Überresten der Befestigungsanlagen angelegt, die der berühmte Militärbaumeister Vauban im 17. Jh. errichtete. Neben erholsamem Grün und Spazierwegen gibt es einen unterhaltsamen Wasserspielplatz für Kinder und noch erhaltene Teile der alten Befestigung.

Esplanade • Rue de Boston • Tram C, E: Winston Churchill

Parc de l'Orangerie 🧒🏻   📖 G/H 2/3

Der größte und älteste Park Straßburgs wurde 1740 im Stil eines klassisch-französischen Barockgartens mit einer weiten Allee angelegt. Im 19. Jh. erfuhr er eine Umgestaltung nach englischem Vorbild. Heute

Auf der Place Broglie (▸ S. 75) mit dem Denkmal für Général Leclerc wird neben Wochen- und Antiquitätenmärkten auch einer der Weihnachtsmärkte abgehalten.

verteilen sich über das 26 ha große Areal alte Buchen und Platanen, ein romantischer See, ein Zoo, ein Mini-Bauernhof für Kinder (▸ Familientipps S. 52) und der Pavillon Joséphine – ein Lustschloss, das 1804 zu Ehren der französischen Kaiserin errichtet wurde. Bekannt ist der Park auch für die vielen **Störche**, die hier zu Hause sind.

Orangerie • Avenue de l'Europe • Tram E: Droits de l'Homme

⭐ Parc du Contades 🏃‍♀️⭐   E 2

Das Gelände eines ehemaligen Schießübungsplatzes wurde 1764 zu einer grünen Idylle »vor den Toren der Stadt« umgestaltet. Namensgeber des heute 8 ha großen Areals war der ruhmreiche Maréchal Louis Georges Érasme de Contades. Nachdem aus Furcht vor einer Belagerung zwischenzeitlich sämtliche Bäume gefällt worden waren, machte man sich ab 1799 daran, den Park wieder herzurichten. Früher reichte er über die Avenue des Vosges hinaus bis zur heutigen Place de la République.

Ein Schmuckstück zwischen den lindenbestandenen Wegen und Spazieralleen ist der **Kiosque à la Musique**, ein offener, gusseiserner Musikpavillon, der ursprünglich auf der Place Broglie stand und 1900 in den Park umgesetzt wurde. Im Sommer wird er noch mitunter für kleine Konzerte genutzt.

Am westlichen Parkrand steht die 1958 eingeweihte **Synagogue de la Paix** (▸ S. 79), im Osten, an der Rue des Arquebusiers, die im Stil des Historismus 1902 erbaute **Villa Osterloff**, eine der wenigen verbliebenen, die früher den Park säumten.

Allemand • Avenue de la Paix • Tram B, E: Parc du Contades

Place Broglie   D 3

Auf dem einstigen Rossmarkt wurden im Mittelalter Reitturniere ausgetragen, ehe das Areal ab 1730 vom namensgebenden Maréchal de Broglie zum militärischen Paradeplatz umgestaltet wurde. In einem lang gestreckten Rechteck dehnt sich der platanenbestandene Platz zwischen dem alten **Hôtel de Ville** (Rathaus) aus dem 18. Jh. an der Südseite und der **Opéra National du Rhin** am nordöstlichen Ende aus. Ein besonders hübsches Plätzchen für einen Café au lait sind im Sommer die Cafétische auf den Treppen der Oper. Vor der Oper steht ein **Obelisk** zu Ehren Général Leclercs, des Befreiers der Stadt Ende 1944. Eine Reihe von Patrizierhäusern und Stadtresidenzen im Pariser Stil verleiht zusätzlich elegantes Flair.

Zweimal wöchentlich (Mi und Fr) findet auf dem Platz ein großer **Wochemarkt** mit Obst, Gemüse und Fleisch, Haushaltswaren und Textilien statt. Auch Trödel- und Antikfans kommen hier auf ihre Kosten, wenn von Ende April bis Anfang Oktober einmal im Monat rund 70 Händler ihre Stände für den **Europäischen Antik- und Sammlermarkt** aufbauen (Sa 8–18 Uhr, Termine unter www.brocantes-strasbourg.fr). Im Advent ist die Place Broglie zudem Kulisse für einen stimmungsvollen **Weihnachtsmarkt** ⭐ – es ist der älteste »Christkindelsmärik« Straßburgs und findet seit 1570 statt.

Centre

Place Gutenberg   C/D 4

Im Mittelalter konzentrierten sich um den Platz, damals noch Place Saint-Martin, die wirtschaftlichen und politischen Schaltzentralen der

Stadt. 1840 wurde der Platz nach dem Erfinder des modernen Buchdrucks und der Druckerpresse umbenannt und in seiner Mitte das **Gutenberg-Denkmal** eingeweiht. Johannes Gutenberg (1400–1468) lebte zwischen 1432 und 1444 in Straßburg und experimentierte u. a. mit technischen Verfahren zur Druckherstellung. Als sein Straßburger Erbe mag vielleicht gelten, dass hier 1605 mit der »Relation« die erste gedruckte Zeitung der Welt erschien.

Das alles beherrschende Gebäude an der Place Gutenberg ist der sogenannte **Neubau**, ein eindrucksvolles Renaissancegebäude von 1585 (das älteste der Stadt), in dem heute die Industrie- und Handelskammer ihren Sitz hat. Vom Platz startet der Petit train (▸ Familientipps S. 52) zu seiner Tour durch die Altstadt.
Centre

Place Kléber
C 3/4

Die Place Kléber gilt als der zentrale Platz der Europa-Metropole. Benannt ist er nach dem Straßburger Jean-Baptiste Kléber, der 1798 als General am Ägypten-Feldzug Napoleons teilnahm und zwei Jahre später

FotoTipp

PERLEN DES JUGENDSTILS

Bei einem Spaziergang durch das Quartier Allemand werden Sie viele Jugendstilgebäude mit wunderbaren Details entdecken. Ein besonderes Schmuckstück ist die Maison Égyptienne in der Rue du Général Rapp. Richten Sie Ihr Objektiv beispielsweise auf die ornamentalen Konsolen unter den Balkonen.   ▸ S. 73

in Kairo einem Mordanschlag zum Opfer fiel. Ein Denkmal in der Platzmitte erinnert an ihn.

Flankiert wird die Place Kléber an ihrer nördlichen Stirnseite von der **L'Aubette**, einem Gebäude aus dem 18. Jh., das neben einem Einkaufskomplex (▸ S. 42) auch ein Museum (▸ S. 82) beherbergt. In dem historischen Gemäuer war von 1765 bis 1918 die Hauptwache untergebracht. Auf dem Platz selbst findet dreimal in der Woche (Di, Mi, Sa) ein schöner Bücher-Flohmarkt statt (▸ S. 43), und jedes Jahr im Dezember wird ein prachtvoll geschmückter Weihnachtsbaum aufgestellt.
Centre

Planétarium
F 4
▸ Familientipps, S. 53

Pont du Corbeau (Rabenbrücke)
D 4

Im Mittelalter wurden auf der Rabenbrücke an Mördern, aber auch an Ehebrecherinnen grausame Strafen vollstreckt: Man warf sie in einem zugeschnürten Sack bei lebendigem Leib in die Ill, wo sie ertranken. Betrüger wurden in einen Käfig gesperrt und in die Abwässer des benachbarten Schlachthauses (heute Musée Historique ▸ S. 86) hinabgelassen.
Centre

Quartier Allemand (Wilhelminisches Viertel)
D–F 3

Im Deutsch-Französischen Krieg 1870/71 wurden viele Hundert Gebäude in der Stadt zerstört und zahllose beschädigt, darunter auch das Münster. Nach der Machtübernahme sollte Straßburg nach dem Willen der Deutschen nun zu einem Schaufenster des deutschen Kaiser-

An der grünen Place de la République (▸ S. 77) stehen die Prachtbauten aus wilhelminischer Zeit, darunter das monumentale Palais du Rhin.

reichs werden, quasi die Vorzeige-Hauptstadt des neuen Reichslands Elsass-Lothringen. Zum französischen Erbe kam nun der wilhelminische Einfluss hinzu. Das Viertel wird daher auch »**Kaiserviertel**« oder »**Quartier Impérial**« genannt.

Der Generalplan zur Stadterweiterung wurde ab 1880 umgesetzt und sah fast eine Verdreifachung des Stadtgebiets vor. Federführend dabei war Jean-Geoffroy Conrath, seit 1854 als Stadtarchitekt im Amt. Er plante den prunkvollen neuen Bezirk mit öffentlichen Gebäuden (Kaiserpalast, Ministerien, Sitz der Regionalversammlung, Bibliothek und Universität). Priorität hatte der repräsentative Verwaltungskomplex, der gegen 1900 fertiggestellt wurde. Luftige Plätze sowie von Bäumen gesäumte Prachtstraßen und Alleen zwischen den insbesondere von italienischer und deutscher Neorenais-sance und Neobarock geprägten Bauten schufen eine neue, einzigartige architektonische Einheit. Dazwischen fanden auch vereinzelt Jugendstilbauten ihren Platz.

Place de la République

Herzstück des Viertels ist die Place de la République, ein prächtiger, weiter Platz mit einem kleinen Park, in dem im Frühjahr wunderbare Magnolien blühen. Beeindruckend ist das **Monument aux Morts** (Totendenkmal) in der Mitte des Platzes. Das Denkmal zeigt die weinende Mutter Elsass, die um ihre beiden Söhne trauert – der eine für das Elsass, der andere für Deutschland gestorben. Es ist eines der wenigen pazifistischen Gefallenendenkmäler in Frankreich. Rundum sind die wichtigsten architektonischen Zeugnisse der Zeit unter deutscher Herrschaft vereint. Das monumentalste dieser Bauwerke ist

In der Aula des Palais Universitaire (▸ S. 79) kamen am 10. August 1949 die Gründungsmitglieder des Europarats zu ihrer ersten Sitzung zusammen.

das **Palais du Rhin** (1889), eine Mischung aus Florentiner Neorenaissance und Berliner Neobarock. Der Bau dieses Palasts, der für die seltenen Aufenthalte des Kaisers und seines Gefolges bestimmt war, verschlang ungeheure Summen. Heute hat hier neben der Zentralkommission für die Rheinschifffahrt die regionale Kulturbehörde ihren Sitz.

Die Fassade der **Bibliothèque Nationale et Universitaire** (1895) gegenüber, erbaut im historisierenden Stil der italienischen Renaissance, zieren steinerne Medaillons, die große europäische Dichter und Denker zeigen. Die Bibliothek ist die zweitgrößte in Frankreich und besitzt über 3 Mio. Dokumente.

Massiv und mit einer Fassade in perfekter Symmetrie präsentiert sich das **Théâtre National de Strasbourg** (1892) neben der Bibliothek. Ursprünglich wurde das Gebäude als Sitz des elsässischen Landessausschusses errichtet, heute ist es das einzige Nationaltheater der Region (▸ S. 49). Neben vier Theaterbühnen ist hier auch eine Schauspielschule untergebracht.

Die nahe **Opéra National du Rhin** wurde 1821 erbaut und im Deutsch-Französischen Krieg von 1870/71 teilweise zerstört. Bis 1888 erfolgte die Restaurierung, dabei erhielt der rückwärtige Gebäudeteil seinen Rundbau mit den Halbsäulen, um sich in die wilhelminische Architektur einzufügen. Von der Hauptfassade blicken Musen über dem Säulenportikus auf die Place Broglie.

Von der Place de la République nach Osten

Die Avenue de la Liberté führt von der Place de la République nach Osten und passiert an der Ill die **Église Saint-Paul** (▸ S. 93), einst eine deutsche Garnisonskirche und mit ihren 76 m hohen Türmen die zweithöchste Kirche der Stadt nach dem Münster. In der Verlängerung erreicht sie das **Palais Universitaire** (1884) und die dahinterliegenden Universitätseinrichtungen. Das Palais im Stil der italienischen Renaissance beeindruckt innen durch prachtvolle, zweigeschossige Arkaden in der Aula. Es diente von Anfang an als Universitätsgebäude.
Allemand • Tram B, C, E, F: République

Synagogue de la Paix (Friedenssynagoge)   ▥ E 2

Am Rand des idyllischen **Parc du Contades** ⭐ (▸ S. 75) wurde 1958 diese Synagoge mit Gemeindezentrum erbaut. Sie ersetzte die neoromanische Synagoge am Quai Kléber, die 1940 von den Nationalsozialisten zerstört worden war. Die Synagoge ist das geistliche Zentrum der jüdischen Gemeinde Straßburgs mit rund 20 000 Mitgliedern.
Allemand • Avenue de la Paix • Tram B, E: Parc du Contades

Universität Straßburg   ▥ F 4/5

Straßburg ist eine echte Studenten-Metropole. Rund 43 000 angehende Akademiker sorgen für lebendiges urbanes Flair. Die Anfänge der Straßburger Universität, eine der größten und ältesten Frankreichs, reichen bis ins 16. Jh. zurück. Der zahlenmäßig größte Studiengang sind die Geistes- und Sozialwissenschaften (mehr als 15 000 Studenten).
Esplanade/Université

⭐ Weihnachtsmärkte 🎅🎅   ▥ C 3, D 3, D 4, D 5

Wenn zur Adventszeit auf der Place Kléber die mächtige Tanne aufgestellt und mit mundgeblasenen Kugeln aus Meisenthal in den Nordvogesen geschmückt ist, wird Straßburg zur »Capitale de Noël« und es beginnt die Zeit der Weihnachtsmärkte. Einen Straßburger »Christkindelsmärik« gibt es seit 1570 (auf der Place Broglie, ▸ S. 75), er ist damit der älteste in Frankreich. Heimeliges Licht und romantische Stimmung locken dann zu »vin chaud« (Glühwein), Maronen oder »Anisbredle« an die Stände. Und über allem schwebt der weihnachtliche Duft von Zimt. Der berühmteste Weihnachtsmarkt findet am Münster auf der **Place de la Catédrale** statt, doch kaum ein Platz in der Stadt will ohne diesen Zauber auskommen. Weitere schöne Märkte laden Sie u. a. auf der Place du Château, Place du Corbeau, Place Kléber, Place Benjamin-Zix oder Place d'Austerlitz ein. Die Märkte enden am 31. Dezember, manche erst am 6. Januar nach dem sogenannten »kleinen Johr«.
Centre • Place de la Cathédrale, Place Broglie, Place du Châteaux, Place du Corbeau, Place Kléber u. a.

Museen und Galerien

Die Vielfalt der Straßburger Museen reicht von Funden aus gallorömischer Zeit über Gemälde und Kunst aus mehreren Jahrhunderten bis zu geheimnisvollen Voodoo-Objekten.

◄ Das Musée d'Art Moderne (► S. 84) stellt die Strömungen moderner und zeitgenössischer Kunst vor.

Straßburg bietet eine vielfältige Museumslandschaft, die ein breites Spektrum an Sujets abdeckt. Die jüngste Einrichtung unter den rund ein Dutzend Museen ist das ungewöhnliche **Château Musée Vodou** (► MERIAN Tipp, S. 21) nahe dem Hauptbahnhof, das 2014 eröffnet wurde. Zum Pflichtprogramm für kunst- und kulturinteressierte Straßburg-Besucher zählt das beeindruckende **Palais Rohan** ⭐, das gleich drei Museen unter einem Dach vereint (Musée Archéologique, Musée des Arts Décoratifs und Musée des Beaux-Arts) und nur einen Steinwurf vom Münster entfernt liegt.
Wer sich näher mit der Geschichte des Elsass befassen möchte, ist im **Musée Alsacien** ⭐ richtig. Am anderen Ufer der Ill und sehr zentral gelegen, bietet es einen hervorragenden Einblick in das bäuerliche Leben vergangener Zeiten und ist allein schon wegen der liebevoll eingerichteten Räumlichkeiten den Besuch wert. Ebenfalls mit der reichhaltigen Geschichte der früheren Reichsstadt und Zentrum der Buchdruckerkunst befasst sich das **Musée Historique** nahe dem Musée Alsacien.
Speziell für Familien mit Kindern ist das kurzweilige Sach- und Mitmachmuseum **Le Vaisseau** (► MERIAN Tipp, S. 20) eine gute Adresse. Es wurde 2014 runderneuert und führt spielerisch in die Welt der Wissenschaft und Technik ein.
Ganz im Zeichen moderner und zeitgenössischer Kunst steht das **Musée d'Art Moderne**, das seine Sammlung sowie Wechselausstellungen in einem beeindruckenden postmodernen Bau unweit der Barrage Vauban präsentiert. Werke von Baselitz und Penck etwa sind hier ebenso versammelt wie Installationen und Konzeptkunst aktueller Künstler. Zusätzliches Plus des Museums ist sein Art Café im Obergeschoss mit herrlichem Blick über La Petite France und die Stadt.
Interessant ist auch ein Besuch des **Musée Tomi Ungerer** ⭐ in der Villa Greiner im Quartier Allemand. Der Schalk und die Ironie des Illustrators und Karikaturisten mit Weltruf blitzt durch fast jede Zeichnung. Oftmals leicht frivol und nicht immer jugendfrei. Tomi Ungerer, ein Sohn der Stadt, lebt mittlerweile in Irland, besucht seine Heimatstadt aber immer mal wieder.
Schließtage aller städtischen Museen sind der 1. Jan., Karfreitag, 1. Mai, 1. Nov., 11. Nov. und 25. Dez. Einen guten **Überblick** über die Museen, ihre Sammlungen sowie ausgewählte Werke finden Sie auf der Website www.musees.strasbourg.eu.

Museumskarten und -pässe

Wer die Museen Straßburgs auskosten und dabei sparen möchte, hat mehrere Varianten zur Auswahl. Für City-Besucher empfehlenswert sind der **Tagespass** für 12 € (erm. 6 €) oder der **3-Tage-Pass** für 18 € (erm. 12 €). Er bietet für die Dauer seiner Gültigkeit freien Eintritt zu allen Straßburger Museen und ist in den Museen erhältlich. An jedem 1. Sonntag im Monat ist der Eintritt frei, für Besucher unter 18 Jahren ist der Eintritt generell kostenlos.
Eine Alternative für Besucher, die in der weiteren Region unterwegs sind und viele Museen besuchen möch-

ten, ist der trinationale **Museums-Pass-Musées** (früher Oberrheinischer Museumspass), der Eintritt zu rund 300 Museen, Schlössern und Gärten in Frankreich, Deutschland und der Schweiz, ungefähr im Gebiet zwischen Metz, Mannheim und Basel, bietet. Er ist mit einer Gültigkeitsdauer von einem Jahr erhältlich und kostet für eine Person 89 €, für zwei Personen 165 € und gilt jeweils inkl. fünf Kinder unter 18 Jahren. Man bekommt ihn in den teilnehmenden Museen und Einrichtungen, verschiedenen Verkaufsstellen oder online (www.museumspass. com), wo auch eine Auflistung aller Museen sowie weitere Informationen zu finden sind.

 MERIAN Tipp

CHÂTEAU MUSÉE VODOU

Das Gros der Sammlung stammt aus Westafrika (Benin). Bizarre Rituale gegen Krankheiten, für mehr Glück im Leben oder Flüche für vermeintliche Nebenbuhler – die geheimnisumwitterte Religion früherer Sklaven aus der Karibik wird hier ausführlich dokumentiert. Und natürlich wird mancher Mythos entzaubert.   ▶ S. 21

MUSEEN
Aubette 1928   C 3

Das klassizistische Gebäude von 1778, früher die Hauptwache, erhielt Ende der 1920er-Jahre eine neue Funktion als avantgardistischer Vergnügungskomplex mit einem Kino, Tanzlokal, Festsaal und einer Foyer-Bar. Gestaltet wurden die Räumlichkeiten vom Dadaisten und Surrealisten Hans Jean Arp, seiner Frau

Sophie Taeuber-Arp und dem niederländischen Künstler und Architekten Theo van Doesburg nach den ästhetischen Grundsätzen der niederländischen Künstlerbewegung »De Stijl«, die eine neue bildnerische Formensprache definieren wollte. Ihre Zielsetzung war es, ein Gesamtkunstwerk zu schaffen, das den Menschen mit einbezog, anstatt ihn als bloßen Betrachter davorzustellen. Nach langer und aufwendiger Restaurierung wurde das Gebäude 2006 wieder der Öffentlichkeit zugänglich gemacht. Heute beherbergt der denkmalgeschützte Komplex an der Place Kléber eine gelungene Kombination aus Kunst und Kommerz (▶ S. 76).
Centre • Place Kléber • Mi–Sa 14–18 Uhr • Eintritt frei

Cabinet des Estampes et des Dessins (Kupferstichkabinett)
D 4

Das Kupferstichkabinett befindet sich in der dritten Etage der ehemaligen Sanitätsakademie, einem Gebäude, welches 1861, zur Zeit des Zweiten Kaiserreichs, erbaut wurde. Die Ausstellung konzentriert sich auf die grafischen Künste und dokumentiert die Entwicklung von Lithografien, Radierungen, Kupferstichen und Holzschnitten der letzten 500 Jahre. Den auch überregional bedeutsamen Schwerpunkt der Sammlung bilden das 16. und 17. Jh. mit Arbeiten u. a. von Dürer, Brentel, Cranach, Raimondi und Parmigianino.
Centre • 5, place du Château • Tel. 03 88 52 50 00 • Besuch nach telef. Vereinbarung • Eintritt frei

Le Vaisseau   G 6
▶ MERIAN Tipp, S. 20

8 Musée Alsacien (Elsässisches Museum) 👣👣   📖 D 5

Die drei Fachwerkhäuser, die seit 1902 das Elsässische Museum beherbergen, stammen aus der gleichen Zeit wie viele Volkskunstobjekte im Innern: Möbel, Trachten, Bilder und Werkzeuge. Im Erdgeschoss werden Werkzeuge des Wein- und Ackerbaus gezeigt. In der ersten Etage ist eine elsässische Wohnstube reicher Bauern aus Wintzenheim (aus dem Jahr 1810) mit Balkendecke und Wandvertäfelung im Louis-Seize-Stil zu sehen. Ausgestellt ist auch eine kleine Sammlung elsässischer Keramik mit Steingut aus Soufflenheim und Betschdorf, wo heute noch getöpfert wird. Im 18. Jh. gab es in der Region über 300 Werkstätten.

In der zweiten Etage sind schöne Beispiele religiöser Hinterglasmalerei zu finden, eine Tradition, die im übrigen Frankreich fast unbekannt ist. Kurios sind die Holzmasken der »Mehlkotzer« mit weit aufgerissenen Mäulern, aus denen im 18. und 19. Jh. das Mehl rann. In zwei Räumen sind die verschiedenen Trachten der Region ausgestellt, die sich teilweise von Dorf zu Dorf unterscheiden. Die berühmte schwarze Schleife, die heute jede Souvenirpuppe schmückt, ist übrigens nicht älter als 100 Jahre.

Krutenau • 23–25, quai Saint-Nicolas • Mi–Mo 10–18 Uhr • Eintritt 6,50 €, erm. 3,50 €

Musée Archéologique (Archäologisches Museum)   📖 D 4

Dieses Museum ist nach Saint-Germain-en-Laye das bedeutendste seiner Art in Frankreich. Die Sammlungen im Untergeschoss des **Palais Rohan** ⭐ (▶ S. 74) reichen von der

Im Mittelpunkt des neuen Château Musée Vodou (▶ MERIAN Tipp, S. 21) stehen das koloniale Erbe Frankreichs in Afrika und Voodoo-Rituale.

Vorzeit über die Bronzezeit, den Beginn des Christentums bis zur Völkerwanderung. Aus der Altsteinzeit (Paläolithikum, 500 000– 8000 v. Chr.) stammen Reste von Tierfossilien wie ein im Rhein gefundener Mammutkiefer, außerdem werden Objekte aus Wohn- und Grabstätten der Jungsteinzeit (Neolithikum), die in der Umgebung von Straßburg entdeckt wurden, präsentiert. Eine Sammlung von Votiv- und Grabsteinen aus der römischen Zeit (1.–4. Jh.) wird ergänzt durch Zeugnisse römischer Wohnkultur wie Fresken, Bronzestatuen und eine sehr schöne Vasen- und Glassammlung. Berühmt sind die Mithrasreliefs aus Mackwiller und dem Straßburger Vorort Koenigshoffen.

Centre • 2, place du Château • Mi–Mo 10–18 Uhr • Eintritt 6,50 €, erm. 3,50 €

Musée d'Art Moderne (Museum für moderne und zeitgenössische Kunst)   B 4

Zeitgenössische bildende und grafische Kunst sowie Fotografie sind das Fundament der Sammlung des Musée d'Art Moderne, dessen Glasfront sich Ill und Petite France zuwendet. Einen Schwerpunkt des Rundgangs durch klassische und zeitgenössische Moderne bilden die Arbeiten von Hans Jean Arp und Sophie Taeuber-Arp. Dem Straßburger Künstler Gustave Doré ist ebenfalls ein gesonderter Saal gewidmet. Die umfangreiche grafische und fotografische Sammlung kann – sofern nicht in Wechselausstellungen präsentiert – auf Anmeldung eingesehen werden. Im Obergeschoss gibt es ein nettes Café mit schöner Aussicht.

Gare • 1, place Hans Jean Arp • Di–So 10–18 Uhr • Eintritt 7 €, erm. 3,50 €

Das Musée Archéologique (▸ S. 83) zeigt Sammlungen zur Archäologie des Elsass von der Urgeschichte bis zum Mittelalter. Im Bild Fundstücke aus der Bronzezeit.

Musée de L'Œuvre Notre-Dame (Frauenwerkmuseum)   D 4

Der Gebäudekomplex stammt aus dem 14.–16. Jh. und war früher Sitz der Münsterbauhütte. Seit 1931 sind hier Werke der elsässischen Kunst vom 13. bis 17. Jh. zu sehen. An erster Stelle stehen die wertvollen Originale der Münsterskulpturen, darunter die Statuen der Ecclesia und der Synagoge (1230). Einzigartig ist die Sammlung von Originalrissen, die die Werkmeister des Mittelalters für den Bau des Münsters zeichneten. Zu sehen sind zudem Glasmalereien und Baupläne des Münsters sowie eine reiche Sammlung religiöser Bilder, Skulpturen, kunstvoller Gläser, Goldschmiedearbeiten und Möbel. Zu den Malereien und Plastiken gehören die charaktervollen Büsten des Niederländers Gerhaerts von Leyden aus dem 15. Jh. und ein Hauptwerk des Meisters Konrad Witz: die hl. Magdalena und die hl. Katharina im Kreuzgang des Basler Münsters, 1445. Die Stillleben des Straßburger Künstlers Sebastian Stoskopf gehören zu den Meisterwerken des 17. Jh.

Centre • 3, place du Château • Di–So 10–18 Uhr • Eintritt 6,50 €, erm. 3,50 €

Musée des Arts Décoratifs (Kunstgewerbemuseum)   D 4

Das Kunstgewerbemuseum ist im Erdgeschoss des **Palais Rohan** ⭐ (▸ S. 74) untergebracht und in zwei Teile gegliedert. Es umfasst hauptsächlich original Straßburger Exponate. Ein Teil zeigt neben Goldschmiedearbeiten aus dem 16. bis 18. Jh. die international beachtete Sammlung an Fayencen aus der Manufaktur der Familie Hannong. Der in Straßburg entwickelte, zarte Blumenschmuck auf weißen Tellern hat nach 1750 viele Fayence-Werkstätten in Europa beeinflusst. Die Manufaktur ging im Jahr 1781 jedoch auf spektakuläre Weise pleite. Joseph Hannong, der Enkel des holländischen Firmengründers, hatte sich mit der Herstellung des teuren Hartporzellans finanziell übernommen und landete im Gefängnis. Der zweite Bereich im Erdgeschoss ist den Prunkgemächern der Bischöfe gewidmet. Wichtigster Raum ist das Schlafzimmer des Königs (Thronsaal), wo nach der Sitte von Versailles die Morgen- und Abendaudienzen stattfanden. Dort hängen die Porträts der vier Rohans, die von 1704 bis ins Jahr 1803 den Bischofsstuhl innehatten: Armand Gaston (1704–1749), François Armand (1749–1756), Louis Constantin (1756–1779) und Louis René Edouard (1779–1803), der sich unglücklich in die »Halsbandaffäre« um Marie Antoinette verstrickte.

Centre • 2, place du Château • Mi–Mo 10–18 Uhr • Eintritt 6,50 €, erm. 3,50 €

Musée des Beaux-Arts (Museum der Bildenden Künste)   D 4

Ein Großteil der Ankäufe des Museums im ersten Stock des **Palais Rohan** ⭐ (▸ S. 74) wurde noch vom Deutschen Kaiserreich finanziert. Die Auswahl traf zwischen 1889 und 1904 der Direktor der kaiserlichen Museen in Berlin, Wilhelm Bode, ein Spezialist italienischer und holländischer Malerei. Schwerpunkt heutiger Neuerwerbungen des Museums ist die noch unterrepräsentierte französische Malerei des 17. und 18. Jh. Vertreten sind die französische, flämische, holländische, spanische und italienische Schule vom 14. bis 19. Jh.

Gemälde von Giotto, Botticelli, van Dyck, Rubens, Raffael, Tintoretto, El Greco (»Mater Dolorosa«, 1594–1597), Goya, Watteau, Fragonard, Delacroix und Corot haben diese Sammlung bekannt gemacht. Ein berühmtes Bild ist »La belle Strasbourgeoise« (Die schöne Straßburgerin) des Pariser Meisters Nicolas de Largillière aus dem Jahr 1703. Die Dame aus besten Bürgerkreisen fällt besonders durch ihre Tracht und den weit ausladenden Hut (»châpeau à cornes«) auf, der bis 1730 getragen wurde.

Centre • 2, place du Château • Mi–Mo 10–18 Uhr • Eintritt 6,50 €, erm. 3,50 €

Musée Historique (Historisches Museum) 👫 📖 D 4

Wo im 16. Jh. Metzger an den Fleischerbänken arbeiteten, haben die Kuratoren des Historischen Museums die konfliktreiche Geschichte Straßburgs mit den Mitteln modernster Museumspädagogik inszeniert. Dazu wurden 1600 Exponate aus einem Fundus aus 200 000 Objekten ausgewählt und entlang dreier stadtgeschichtlich prägender Zeiträume gegliedert.

So beginnt der Gang durch die Stadtgeschichte mit einem ausführlichen Blick auf die Jahre 1262–1681, in denen Straßburg eine Freistadt des Heiligen Römischen Reiches Deutscher Nation war. Der zweite Zeitraum umfasst die Zeit von 1682 bis zur Französischen Revolution 1789–1799. Der dritte Teil bis zur Gegenwart befindet sich in Vorbereitung. Die Exponate sind durchgängig dreisprachig kommentiert (Französisch, Englisch und Deutsch) und stellen ein sehr gelungenes Beispiel

multimedialer Museumspräsentation dar. Drei Ausstellungsstücke seien besonders hervorgehoben: Das erste ist ein Faksimile einer lateinischen Chronik aus dem 10. Jh. Es verweist auf die zweisprachig in Altfranzösisch und Althochdeutsch verfassten »serments de Strasbourg« (Straßburger Eide) aus dem Jahr 842. In diesen leisteten Ludwig der Deutsche und Karl der Kahle einen Bündniseid, welcher in zweifacher Hinsicht einmalig ist. Zum einen stellt der Eid das erste auf Französisch verfasste Dokument dar, zum anderen gilt die Schrift als älteste Urkunde, die eine sprachliche Trennung zwischen West- und Ostfranken nachweist.

Zweiter Höhepunkt ist ein Gemälde von Isidore Pils, welches 1849 entstand und den Dichter und Offizier Claude Joseph Rouget de Lisle zeigt, der die von ihm komponierte spätere Nationalhymne »Marseillaise« (▶ S. 71) im Salon des Straßburger Bürgermeisters Dietrich im Haus 4, Place Broglie, intoniert.

Unbedingt sehenswert ist zudem ein Modell der Stadt, welches den historischen Stadtkern zeigt. Militäringenieure der Vauban-Akademie fertigten die 11 x 7 m große Reliefansicht der Stadt 1727 für König Ludwig XV.

Centre • 2, rue du Vieux Marché aux Poissons • Di–So 10–18 Uhr • Eintritt 6,50 €, erm. 3,50 €

🔴9 Musée Tomi Ungerer (Villa Greiner) 📖 E 3

Seit 2007 hat Straßburgs Museumslandschaft einen neuen Anziehungspunkt! Das Tomi Ungerer Museum – auch »Internationales Zentrum für Illustration« – präsentiert in einer Gründerzeitvilla Werke und Samm-

Im prachtvollen Palais Rohan (▶ S. 74), der früheren fürstbischöflichen Residenz aus dem 18. Jh., sind heute drei interessante Museen untergebracht.

lungen des wohl bekanntesten Straßburger Künstlers. Die Exponate sind Teil einer Schenkung, die der heute in Irland lebende Karikaturist und Kinderbuchautor seiner elsässischen Heimatstadt machte. Dazu zählen 11 000 Zeichnungen, 6000 Spielzeuge sowie Poster, Plastiken, Fotos und Zeitungsartikel. Wegen regelmäßiger Neuaufhängung kann das Museum kurzzeitig geschlossen sein.
Allemand • 2, avenue de la Marseillaise • Tram B, C, E: République • Mi–Mo 10–18 Uhr • Eintritt 6,50 €, erm. 3,50 €

Musée Zoologique (Zoologisches Museum)   📖 F 4
▶ Familientipps, S. 51

⭐ **Palais Rohan**   📖 D 4
▶ Musée Archéologique, S. 83
▶ Musée des Arts Décoratifs, S. 85
▶ Musée des Beaux-Arts, S. 85

GALERIEN
An zwei Wochenenden im Mai laden bildende Künstler aus Straßburg und dem Elsass zu den »Ateliers Ouverts« ein. Interessierte können dann die Künstler an den Orten ihres

Schaffens besuchen. In den vergangenen Jahren haben jeweils 150 Ateliers teilgenommen.
Infos unter www.ateliersouverts.fr

Fou du Roi   D 4

Edles und ausgefallenes Mobiliar, Lampen und andere Einrichtungsgegenstände namhafter Designer wie Ingo Maurer oder Tom Dixon präsentiert die Galerie in ihrem Showroom im Zentrum der Stadt.
Centre • 4, rue du Faisan • Tel. 03 88 24 58 57 • www.foduroi.eu

Galerie Brûlée   D 3

Seit 1993 bietet die Galerie moderne Kunst nahe der Place Broglie an. Schwerpunkte sind die Malerei und Objektkunst europäischer Künstler. Regelmäßig ist die Galerie Brûlée auf der großen internationalen Kunstmesse (St'Art) vertreten, die jedes Jahr im November auf dem Messegelände in Wacken stattfindet.
Centre • 6, rue Brûlée • Tel. 03 88 21 04 04 • www.galeriebrulee.fr

Galerie Espace Suisse   D 3

Den Galeriebetreibern gelingt es regelmäßig, originelle Werke abstrakter Künstler aufzuspüren. Die Arbeiten stammen von Künstlern aus England, Frankreich, Deutschland und Südafrika.
Centre • 6, rue des Charpentiers • Tel. 03 88 32 50 36

Galerie La Palette d'Or   D 4

Die Galerie zwischen Münster und Place Broglie ist spezialisiert auf Lithografien, Glaskunst, Keramik und Kunsthandwerk von Künstlern aus ganz Frankreich.
Centre • 18, rue du Dôme • Tel. 03 88 32 79 10

Galerie L'Estampe   D 4

Alte und moderne Kupferstiche sowie Radierungen und Lithografien werden in dieser Galerie am Ill-Ufer angeboten.
Krutenau • 31, quai des Bateliers • Tel. 03 88 36 84 11 • www.estampe.fr

Galerie Nicole Buck D 4

Die Werke zeitgenössischer Maler und Bildhauer sind in der Galerie Nicole Buck in einem sehr schönen elsässischen Haus aus dem 17. Jh. zu sehen. Regelmäßig finden Vernissagen mit neuen, innovativen Künstlern statt.
Centre • 4, rue des Orfèvres • Tel. 03 88 22 63 09 • www.galerie nicolebuck.net

Galerie Rauscher / Pascale Froessel   C 4

Hier werden aktuelle Künstler und zeitgenössische Malerei präsentiert. Speziell Newcomer findet man dort. Galeristin Pascale Froessel hat ein gutes Auge für neue Trends.
Petite France • 14, rue des Dentelles • Tel. 03 88 32 74 48 • www.galerie-pascale-froessel.fr

Galerie Ritsch-Fisch   C 3

Die Galerie in der Nähe der Place Kléber hat sich ganz der Art Brut oder »Outsider Art« verschrieben.
Centre • 6, place de L'Homme de Fer • Tel. 03 88 23 60 74 • www.ritsch fisch.com

Libraire-Galerie Oberlin   C 4

Im Untergeschoss des Buchladens werden Gemälde, Collagen und andere Arbeiten elsässischer Künstler gezeigt.
Centre • 19, rue des Francs-Bourgeois • Tel. 03 88 32 45 83

IHRE MEINUNG
IST UNS WICHTIG!

Wir möchten mit unseren Reiseführern für
Sie und Ihre Reise noch besser werden. Nehmen Sie
sich deshalb bitte kurz Zeit, uns einige Fragen zu
beantworten. Als Dankeschön für Ihre Mühe verlosen wir
traumhafte Preise unter allen Teilnehmern.

1. PREIS
Eine zweiwöchige
Fernreise für zwei
Personen

2. PREIS
Wochenend-Trip
in eine europäische
Hauptstadt

3. PREIS
je einen von
100 Reiseführern
Ihrer Wahl

Mitmachen auf
www.reisefuehrer-studie.de

**Oder QR-Code mit
Tablet/Smartphone
scannen**

MERIAN
Die Lust am Reisen

Die großartige Bibliothèque Nationale et Universitaire (▶ S. 78) an der Place de la République ist die zweitgrößte Frankreichs.

Spaziergänge und Ausflüge

Spaziergänge im Herzen der Altstadt, Petite France, zum neuen Hafenquartier und Ausflüge in das wunderschöne Umland.

Entlang der Ill – Ein Bummel am Wasser

Charakteristik: Auf dem Spaziergang entlang des Ill-Ufers haben Sie die Altstadt immer im Blick und zahlreiche Sehenswürdigkeiten in der Nähe **Dauer:** reine Wegstrecke 1 Std. **Länge:** ca. 1,5 km **Einkehrtipp:** Le Bistrot des Arts (▸ S. 34), 10, quai des Pêcheurs, Tel. 03 88 35 10 60 €€

 C 4–E 3

Die Ill und ihre Kanäle umschließen die Straßburger Altstadt. Ausgehend von **La Petite France** gelangen Sie über den **Pont des Moulins** auf das südliche Flussufer und können dort, Altstadt und Münster im Blick, dem Weg am Wasser folgen.

Pont des Moulins ▸ Pont du Corbeau
Erster Blickfang ist die **Église protestante Saint-Thomas** auf der gegenüberliegenden Seite, ein herrliches Beispiel für die elsässische Gotik. Nicht weit dahinter taucht die **Ancienne Douane**, das ehemalige Zollhaus aus dem 14. Jh., mit ihren charakteristischen Treppengiebeln auf. Auf der Spazierseite lädt Sie das **Musée Alsacien** ein, in die Geschichte der Region einzutauchen. Ganz in der Nähe befindet sich die **Cave Historique des Hospices** (▸ MERIAN Tipp, S. 21), der historische Weinkeller des Straßburger Spitals mit seinen herrlichen Gewölben. Ein Stück weiter vom Museum überspannt der **Pont du Corbeau** (Rabenbrücke) die Ill. Im finsteren Mittelalter wurden dort Mörder grausam bestraft, manche sogar ertränkt. Gleich südlich davon können Sie im **Cour du Corbeau** (Rabenhof) ein wunderbar restauriertes Fachwerk-Ensemble aus der Renaissance bewundern. Ein Rabe am Haus an der Place du Corbeau weist Ihnen den Weg zum Eingang (1, quai des Bateliers). Drei Jahrhunderte lang war der Rabenhof Poststation und Hotellerie. Hier kehrten Könige und große Literaten ein. Ab 2007 wurde das Ensemble restauriert und fand zu seiner ursprünglichen Bestimmung als Hotel zurück.

Pont du Corbeau ▸ Quai des Bateliers
Blicken Sie ein paar Schritte hinter dem Pont du Corbeau vom Quai des Bateliers über die Ill, sehen Sie die Rückfassade des imposanten **Palais Rohan**. Der barocke Palast zeugt vom prunkvollen fürstlichen Leben des 18. Jh. und beherbergt heute drei wichtige Museen der Stadt. Wer sich für Architektur und insbesondere Art nouveau interessiert, findet etwas abseits der Ill an der **Haute école des arts du Rhin** (HEAR) eine prächtige Jugendstilfassade mit Keramikfliesen, die allegorische Figuren der Wissenschaft, der Architektur, der Malerei und der Bildhauerei darstellen. Biegen Sie dafür vom Quai des Bateliers rechts in die Rue Saint-Guillaume und fogen Sie ihr in die Rue de l'Académie. Das Gebäude (1, rue de l'Académie) liegt etwas zurückversetzt von der Straße.

Quai des Bateliers ▸ Quai des Pêcheurs
Wieder zurück an der Ill wird der Quai des Bateliers zum Quai des Pêcheurs. Hier ankern einige zu Cafés und Bars umfunktionierte Frachtkähne, die zu einem stärkenden Kaffee oder gemütlichen Aperi-

Die herrliche Lage der Église Saint-Paul (▸ S. 93) zwischen zwei Wasserläufen lässt das Gotteshaus als imposantes Fotomotiv herausstechen.

tif mit Blick aufs Wasser einladen. Größere Mahlzeiten gibt es dort allerdings nicht, dafür reihen sich entlang dem Quai des Pêcheurs etliche kleine Restaurants. Auch Patissiers und Antiquitätenläden locken mit Süßem und Rarem. Zu empfehlen ist die preisgekrönte Pâtisserie Alain Kretz (16, quai des Pêcheurs), dessen Macarons, Tartes, »Grès des Vosges« (von Zucker umhüllte Schoko-Nuss-Pralinenbonbons) und Pralinés auch bei Einheimischen sehr beliebt sind. Im angeschlossenen Salon de thé können Sie die Leckereien gleich vor Ort genießen.

Quai des Pêcheurs ▸ Pont d'Auvergne

Folgen Sie frisch gestärkt dem Quai des Pêcheurs noch ein paar Schritte, bis dieser hinter dem Pont Royal zum Quai du Maire Dietrich wird. Ein Stück vor Ihnen ragt auf einer Landspitze zwischen Ill und Aar die neugotische **Église Saint-Paul** 76 m in die Höhe. Die Kirche in spektakulärer Lage wurde 1892–1897 im Zuge der Stadterweiterung unter den Deutschen als Garnisonskirche errichtet und besaß nicht weniger als 19 Eingänge. Den vielleicht schönsten Blick auf die Kirche haben Sie vom Pont Royal.

Die große Achse, die vor der Église Saint-Paul verläuft, ist die Avenue de la Liberté, die ins Herz des **Quartier Allemand** ⭐ (auch »Quartier Impérial« oder »Kaiserviertel« genannt) führt. An ihrem westlichen Ende sehen Sie das monumentale Palais du Rhin, das einst als protziger (und weitgehend ungenutzter) Kaiserpalast errichtet wurde, in der anderen Richtung ist es nicht weit zum prachtvollen Palais Universitaire und dem Gelände der Straßburger **Universität**, an der rund 43 000 Studenten eingeschrieben sind.

Zum Archipel Culturel – Quartier mit Hafenatmosphäre

Charakteristik: Straßburg ist nicht nur reich an Geschichte, es hat auch ein neues, postmodernes Quartier am Bassin d'Austerlitz, das neben einem großen Einkaufskomplex viel Kultur bietet **Dauer:** reine Wegstrecke 1 Std. **Länge:** ca. 1 km

 **Einkehrtipp:** Brasserie au Bureau, 18, rue du Bassin d'Austerlitz, Tel. 03 90 41 03 60, www.aubureau-strasbourg.fr €

C 4–F 6

Nicht weit vom historischen Zentrum entfernt ist ein schickes neues Viertel entstanden, das als Verlängerung des Stadtkerns gedacht ist und die Lücke zwischen der City und dem Stadtteil Neudorf schließen soll.

Place Gutenberg ▸ Place d'Austerlitz
Von der geschichtsträchtigen **Place Gutenberg** geht es geradeaus die Rue du Vieux Marché aux Poissons entlang nach Süden, vorbei am **Musée Historique** und der **Ancienne Douane** und über die Ill. Folgen Sie auf der anderen Flussseite der von vielen netten Geschäften für Käse, Lebkuchen und anderen Leckereien gesäumten Rue d'Austerlitz zur weiten **Place d'Austerlitz**.

Place d'Austerlitz ▸ Rivetoile
Jenseits des Platzes entlang der Rue de la Brigade Alsace-Lorraine verlassen Sie allmählich das Herz der Stadt und der Horizont wird weiter. Die renommierte Brasserie de la Bourse ist der letzte Außenposten des »alten Straßburg«. Von dort ist es nicht mehr weit zum **Pont d'Austerlitz** über den Rhein-Rhone-Kanal. Von der Brücke haben Sie einen guten ersten Blick auf das neue Quartier. Links hinter der Brücke passieren Sie die **Cité de la Musique et de la Danse de Strasbourg**, das Musikkonservatorium und Veranstal-tungszentrum, u. a. mit einem Saal mit 500 Plätzen hinter seiner modernen Fassade aus Sandstein und Glas. Es wurde 2006 fertiggestellt. Biegen Sie beim Konservatorium links um die Ecke auf die Place Daupine, stehen Sie vor dem für rund 130 Mio. € errichteten und 2008 eröffneten Einkaufszentrum **Rivetoile**. Wenn Sie Bedarf haben, finden Sie hier in postmodernem Ambiente rund 100 Geschäfte und ein knappes Dutzend Restaurants, verteilt auf zwei Etagen und über 30 000 qm. In den Stockwerken darüber befinden sich Wohnungen und Büros.

Rivetoile ▸ Médiathèque André Malraux
Noch einmal geht es übers Wasser. Die schmale Passerelle Miro führt über das **Bassin d'Austerlitz** auf die »Halbinsel« **Presqu'Île André Malraux**. Am Ende der Brücke werden Sie von zwei stillgelegten Verladekränen in Empfang genommen, die an die frühere Betriebsamkeit des Areals als Hafen erinnern. Auf der anschließenden Freifläche finden im Sommer zahlreiche Veranstaltungen statt, und man kann es sich in Liegestühlen bequem machen. Sogar ein Strand wird für ein paar Monate aufgeschüttet. Dahinter breitet sich der lang gestreckte, 2008

»Et la lumière fut« – Und es ward Licht – ist auf der Seite zu lesen, die der Erfinder des modernen Buchdrucks auf der Place Gutenberg (▸ S. 75) in der Hand hält.

eröffnete Koloss der **Médiathèque André Malraux** auf einer Fläche von 12 000 qm aus. In dem vierstöckigen Gebäude, das vor dem Umbau als Getreidelager diente, sind 260 000 Dokumente, 40 000 CDs, 30 000 CDs sowie 730 Periodika als Bestandsmedien zugänglich.

Médiathèque André Malraux ▸ Les Docks

Hinter der Mediathek erhebt sich die **Tour Seegmuller**, ebenfalls ein altes Hafengebäude, das zur Maison universitaire internationale mit Unterkünften für Studenten umgebaut wird. Das Areal dahinter hat 2014 mit dem Komplex »**Les Docks**« den jüngsten Neuzugang bekommen, eine Mischnutzung aus Restaurants, Büros, einer Journalistenschule und (sehr teuren) Wohnungen. Alte Bausubstanz wurde hier mit moderner Architektur clever zu einem harmonischen Gesamtbild kombiniert.

Am Kopf der Halbinsel befinden sich das **Restaurants Leon de Bruxelles**, wo Sie z. B. leckere Moulesfrites (Muscheln mit Pommes) bekommen, und die **Brasserie Au Buereau**, die im Stil eines Londoner Pubs eingerichtet ist und klassisch Elsässisches wie Flammkuchen, aber auch Burger serviert.

Wenn Sie dann noch Abwechslung suchen, haben Sie es nur ein paar Schritte wieder hinüber bis zur **UGC Ciné Cité**, einem großen Multiplex-Kino, das neben aktuellen Kassenschlagern auch alte Klassiker zeigt.

Ein besonderes Highlight im Sommer sind die **Licht- und Wasserspiele** am Bassin d'Austerlitz. Wasser erhebt sich in wunderbaren Formen in die Höhe und wird zu Musik kunstvoll illuminiert. Das Spektakel findet von Ende Juni bis Anfang September allabendlich um 22 oder 22.30 Uhr statt und ist kostenlos.

La Petite France  – Ein Hauch von Klein-Venedig

Charakteristik: Lassen Sie sich verzaubern vom Charme des alten Gerberviertels mit seinen malerischen Fachwerkhäusern und kopfsteingepflasterten Gassen **Dauer:** reine Wegstrecke 1 Std. **Länge:** ca. 1 km **Einkehrtipps:** La Corde à Linge, 2, place Benjamin Zix, Tel. 03 88 22 15 17, www.lacordealinge.com €€ • Au Petit Bois Vert (▶ S. 30), 2, quai de la Bruche, Tel. 03 88 32 66 32, www. aupetitboisvert.fr €€

📖 B/C 4

Das malerische Viertel, das mit seinen schmucken Fachwerkhäusern und idyllischen Gassen heute einer der großen Touristenmagnete Straßburgs ist, war früher nicht ganz so beschaulich. Davon zeugt nicht zuletzt sein Name, der auf ein Hospital aus dem 16. Jh. zurückgeht, in dem französische Soldaten behandelt wurden, die mit Syphilis aus den Italienischen Kriegen heimkehrten. Im Volksmund »Franzosenkrankheit« und das Krankenhaus »Zum Französel« genannt, wurde daraus **La Petite France** – Klein-Frankreich. Ursprünglich war die Gegend das Viertel der einfachen Handwerker, der Fischer, Müller und vor allem der **Gerber**. Die Wasserkraft der Ill wurde per Mühlrad für ihre Arbeiten genutzt. Die Gerber verarbeiteten Rohhäute zu Leder, der Gestank erfüllte die Gassen. Die feinen Straßburger mieden deshalb das Viertel. Erst seit den 1950er-Jahren ist das einstige Schmuddelviertel ein beliebtes Ziel von Touristen.

Place Kléber ▶ Place Benjamin Zix
Biegen Sie an der zentralen **Place Kléber** beim Kaufhaus Galeries Lafayette in die Rue du 22 Novembre und nach rund 100 m links in die Rue du Fossé du Tanneurs. Der

Name der Straße – übersetzt Gerbergraben – weist bereits auf das Ziel hin. Gesäumt von zahlreichen Läden und Cafés, endet die Straße am IllUfer an der **Place Benjamin Zix**, die fest in der Hand von Touristen ist. Souvenirläden und Restaurants dominieren hier das Bild, darunter das Postkartenmotiv schlechthin, die **Maison des Tanneurs**, in der heute ein beliebtes Restaurant mit elsässischer Küche zu Tisch bittet. Genießen Sie die Lage am Wasser und stärken Sie sich z. B. in der Brasserie La Corde à Linge, bevor Sie in das Gassengewirr eintauchen.

Place Benjamin Zix ▶ Rue du Bain-aux-Plantes
Fachwerkidylle des 16. und 17. Jh. pur erwartet Sie in der kopfsteingepflasterten **Rue du Bain-aux-Plantes**, die von der Maison des Tanneurs nach Westen führt und in der viele kleine nette Geschäfte ansässig sind. Sehr schön ist die Kunsttöpferei im Haus Nr. 32. Seit mehr als 35 Jahren fertigen Kathi Llorca-Fausser und Bertrand Llorca in ihrer »Poterie« Keramik und Steingut. Viel Wert legen sie auf eigene Kreationen und unterscheiden sich damit von der Masse, die vornehmlich traditionelle elsässische Töpferware feilbietet.

Wenn Sie kurz davor rechts in die Rue des Moulins schauen, können Sie die **Drehbrücke** sehen, die bei Bedarf geschwenkt werden kann, um Schiffe passieren zu lassen.

Rue du Bain-aux-Plantes ▸ Barrage Vauban

Folgen Sie der Rue du Bain-aux-Plantes weiter, die in einem Knick zur Rue Adolphe Seyboth wird. An der nächsten Ecke mit der Académie de la Bière, einer gemütlichen Bar mit einer Riesenauswahl an Bieren, geht es nach links bis zum Quai Turckheim und dort wieder links. Dann sind es nur noch ein paar Schritte bis zu den Highlights im Gerberviertel, den **Ponts Couverts** und der **Barrage Vauban** ⭐. Das Wasser, das sich in dem elsässischen Klein-Venedig verzweigt, strömt unter den Ponts Couverts (Gedeckten Brücken) herbei, die zwar schon lange kein Dach mehr haben, deren Name sich jedoch erhalten hat. Sie überspannen die vier Arme der Ill und waren früher Teil des mittelalterlichen Befestigungsrings um die Stadt. Die vier Türme gehen noch auf diese Zeit zurück und stammen aus dem 13.–14. Jh.

Westlich dahinter wurde von 1688 bis 1700 über die Ill die Barrage Vauban (Vauban-Wehr) oder »Grande Écluse« (Große Schleuse) errichtet, um das veraltete Befestigungssystem zu modernisieren. Von der **Panoramaterrasse** auf dem Wehr hat man einen herrlichen Blick auf das historische Stadtzentrum. Gegenüber auf der anderen Seite der Ill sehen Sie den modernen extravaganten Bau des **Musée d'Art Moderne** und, in altem Gemäuer, die französische Elite-Hochschule für Verwaltungsbeamte und Politiker, **ENA**.

An der Place Benjamin Zix (▸ S. 96) im Herzen von La Petite France laden etliche Restaurants vor malerischer Kulisse an der Ill zur gemütlichen Einkehr ein.

AUSFLÜGE IN DIE UMGEBUNG

Gertwiller – Die Lebkuchen-Hauptstadt 👫

Charakteristik: Lernen Sie in Gertwiller das traditionelle Handwerk der Lebkuchen-herstellung kennen **Anfahrt:** Gertwiller liegt gut 30 km südlich von Straßburg. Nehmen Sie die A35 Richtung Selestat/Colmar und biegen Sie hinter Obernai in Richtung Gertwiller ab. Die Bäckerei Lips befindet sich im Ortskern, Fortwenger direkt hinter der Ortseinfahrt **Dauer:** halbtägiger Ausflug **Einkehrtipp:** Restaurant Winstub Auberge du Maennelstein, 154, route de Strasbourg, Gertwiller, Tel. 03 88 08 09 80, www.auberge-du-maennelstein.com, tgl. 12–14, Fr–So 18–22 Uhr €€ **Auskunft:** Office de Tourisme Barr Bernstein, Place de l'Hôtel de Ville, 67140 Barr, Tel. 03 88 08 66 65, www.pays-de-barr.com • Gemeinde Gertwiller www.gertwiller.fr
Karte ▸ S. 99, b 5

Das Elsass gilt als die Weihnachts-region Frankreichs. Und was wäre »noël« (Weihnachten) ohne **Lebkuchen**. In **Gertwiller** befindet sich die Hauptstadt dieser Köstlichkeit. Hier sitzen mit Fortwenger (dem größten der Branche) und mit Lips (einer kleinen Manufaktur) die renom-miertesten Vertreter ihrer Zunft.

Knusperhäuschen und Lebkuchenpalast

Bereits seit 1740 werden im Ort Leb-kuchen produziert. Früher einmal waren es sogar neun verschiedene Betriebe, übrig geblieben sind je-doch nur zwei. Einer davon ist die Lebküchnerei **Lips**.
Ein bisschen merkwürdig wirkt es schon, das Häuschen von Lips, das geradewegs aus Grimms Märchen entsprungen zu sein scheint. Die Fensterläden haben die Gestalt von Pfefferkuchen, die Fassade ist über und über mit weihnachtlichen Mo-tiven bemalt, dazu eine große Szene aus Hänsel und Gretel: Kein Zweifel, hier ist praktisch das ganze Jahr Weihnachten. Inhaber Michel Hab-siger produziert im Jahr mehr als 70 t feinster Lebkuchen. Eigentlich ist er

gelernter Metzger, doch irgendwann entdeckte er seine Leidenschaft für die süßen Honig- und Pfefferku-chen. Auf das traditionelle Hand-werk ist der Mann mit der blauen Schürze stolz. Seine Rezepte stam-men überwiegend aus dem 18. und 19. Jh. Im angeschlossenen kleinen **Museum** kann man Utensilien für die Zubereitung von Pfefferkuchen begutachten. Seit seiner Jugendzeit sammelt Habsiger die kleinen Schätze in dem Haus von 1756. Ver-schiedene Werkzeuge, Guss- und Ausstechformen, Lebkuchenhölzer, und Gugelhupfformen finden sich in der Ausstellung ebenso wie Keramik oder Töpferware und andere Zeug-nisse elsässischer Volkskunst.
Nicht zu verwechseln sind die Leb-kuchen aus dem Elsass mit ihrem fränkischen Pendant. Oblaten gibt es bei der elsässischen Variante nicht. Außerdem gilt: keine Butter, kein Ei, keine Milch im Mutterteig. Dafür reichlich Honig, Zucker, Mandeln und verschiedene Gewürzmischun-gen aus Muskatnuss, Ingwer, Nelken oder Anis. Am beliebtesten, sagt Lips-Chef Habsiger, ist nach wie vor

Straßburg
und Umgebung

Nett aufbereitet wird im Palais du Pain d'Épices (▸ S. 100) in die Geschichte der Lebkuchenherstellung eingeführt. Das Beste daran: Zum Schluss gibt's was zu naschen.

die klassische Variante des gewürzten Teigs mit Haselnuss, Zimt, Orange, Kardamom und kandierten Zitrusfrüchten. An Wochentagen, und sofern gerade Lebkuchen produziert werden, können Besucher Einblicke in den Herstellungsprozess bekommen. Zu Ostern ergänzt Lips sein Angebot um Schokoladenfiguren und Osterhasen.

Den zweiten noch existierenden Betrieb, die Traditionsmarke **Fortwen**ger, leitet die Familie Risch. Seine Geschichte reicht ebenfalls mehr als 200 Jahre zurück. Auch hier kann man den Bäckern über die Schulter schauen und darf probieren. Etwas moderner aufgemacht ist Fortwengers **Palais du Pain d'Épices**, das seine Besucher auf eine interaktive Reise durch die Geschichte der Lebkuchenherstellung mitnimmt.

Süßes und Saures für den Rückweg

Wollen Sie Gebäck und Teig treu bleiben, empfiehlt sich auf dem Rückweg ein Abstecher zur Boulangerie Rohmer ins nahe **Rosheim** (zu erreichen über die D35). Die Traditionsbäckerei befindet sich gleich hinter dem historischen Stadttor im Altstadtkern. Oder Sie steuern eine weitere Hauptstadt an, diesmal eine dem Sauerkraut gewidmete: **Krautergersheim** (an der D207) liegt nur zehn Autominuten von Gertwiller entfernt.

⭐ 10 MERIAN Tipp

BOULANGERIE ROHMER

Im romanisch geprägten Städtchen Rosheim befindet sich in einem schönen alten Fachwerkhaus die älteste Bäckerei Frankreichs. Versäumen Sie nicht, die Spezialitäten »Ropfkueche« oder Guglhupf zu probieren. ▸ S. 21

INFORMATIONEN
Maison du Pain d'Épices Lips
110, rue Principale • Tel. 03 88 08
93 52 • www.paindepices-lips.com •
Geschäft tgl. 8–12, 13.30–18 Uhr •
Museum Feb.–Nov. Mo, So 14–18, Di–
Sa 9–12, 14–18 Uhr, Dez. tgl. • Eintritt
2,70 €, Kinder unter 13 Jahren frei

**Fortwenger Palais du Pain
d'Épices**
144, route de Strasbourg • Tel. 03 88
08 04 26 • www.lepalaisdupain

depices.com • Mitte Feb.–Dez.
Mo–Sa 9–11.30, 14–18, So 10–11.30,
14–18 Uhr, 25. Dez., 1. Jan. geschl. •
Eintritt inkl. Führung und Kostprobe
3 €, Kinder 5–13 Jahre 2 €, unter
5 Jahren frei

Sauerkraut in Krautergersheim
www.krautergersheim.com
Auf der Infoseite der Gemeinde
finden Sie unter »Économie &
Tourisme« Adressen und Links zu
den Herstellern von Sauerkraut

Heliodome und Saverne – Ökologisches Wunderhaus und elsässische Perle

Charakteristik: Die Tour führt Sie zu einem faszinierenden Passivhaus in spekta-
kulärem Design und anschließend in das bezaubernde Städtchen Saverne
Anfahrt: Cosswiller liegt etwa 30 km oder eine halbe Std. Autofahrt westlich von
Straßburg. Nehmen Sie die A351, N4, D1004 nach Wasselonne, von dort die D824
nach Cosswiller. Im Dorf ist das Heliodome ausgeschildert. Von Cosswiller sind es
noch einmal 15 km nach Saverne über die D824, D917, D1004 **Dauer:** halbtägiger
Ausflug **Einkehrtipp:** Taverne Katz, 80, Grand'Rue, 67700 Saverne, Tel. 03 88 71
16 56, www.tavernekatz.com €€ **Auskunft:** Office de Tourisme de Saverne,
Grand'Rue, 67700 Saverne, Tel. 03 88 91 80 47, www.tourisme-saverne.fr
Karte ▶ S. 99, a 3; S. 102

Es ist fast so etwas wie ein ökologisches Manifest für das Nordelsass –
das **Helidome** in **Cosswiller**. Auf
den ersten Blick mag das Gebäude
wie ein Ufo wirken, das eine Bruch-
landung in der elsässischen Provinz
hingelegt hat, doch der faszinierende
Bau steht für weit mehr als exzentri-
sche Architektur.
Ökologisches Wohnen der Zukunft
Der elsässische Designer und frühere
Kunstschreiner Éric Wasser plante
dieses Passivhaus und orientierte sich
dabei an der jährlichen Umlaufbahn
der Sonne. So entstand ein spektaku-

läres, rund 10 m hohes Gebäude aus
Holz, Beton und Aluminium mit
schrägem Dach auf der einen und
runder Glasfassade auf der anderen
Seite, das exakt die Menge an solarem
Licht und Wärme einfängt, um das
Haus auf einer Temperatur von rund
20° C zu halten. Weder Strom noch Öl
werden benötigt. Im Winter kommt
das Gebäude ohne zusätzliche Hei-
zung aus, im Sommer wiederum
sorgt die raffinierte Konstruktion aus
Glas und Holz dafür, dass es sich nicht
zu sehr aufheizt. Jahrzehntelang hat
der Visionär Éric Wasser experimen-

tiert und mehr als 300 000 € in das futuristische Projekt investiert, ehe es tatsächlich realisiert werden konnte. Die Idee dazu hatte er schon in den 1980er-Jahren, konkret wurden die Pläne jedoch erst Ende der 1990er-Jahre, und fertiggestellt wurde der Bau 2010. Längst kommen viele Touristen, Studenten oder Wissenschaftler nach Cosswiller, um diese ebenso einzigartige wie zukunftsweisende Sonnenarchitektur zu sehen und mehr darüber zu erfahren. Bereits für das Konzept wurde Wasser 2003 in Frankreich beim renommierten Concours Lépine mit einem Erfinderpreis ausgezeichnet, außerdem 2005 mit dem Schweizer Solarpreis. Der Öko-Pionier lebt mit seiner Frau Caty, einer Glaskünstlerin, im Bauernhof ge-genüber. Im Heliodome finden heute regelmäßig Ausstellungen statt, die thematisch von Licht und Wasser inspiriert sind, daneben auch Konzerte.

Eine Perle des Elsass

Rund 20 Autominuten nördlich von Cosswiller liegt das zauberhafte Städtchen **Saverne**. Herausragende Sehenswürdigkeit ist das 1790 erbaute fürstbischöfliche **Château des Rohan** an der zentralen Place du Général Charles de Gaulle. In dem klassizistischen Bau ist heute ein Museum für Kunst und Geschichte untergebracht.

Traditionelle elsässische Atmosphäre in einem prächtigen Fachwerkhaus empfängt Sie in der **Taverne Katz**, die sehr gute elsässische Küche serviert. Saverne (dt. Zabern) am Rhein-

Marne-Kanal hat im Übrigen Geschichte geschrieben. Die sogenannte **Zabern-Affäre** im Jahr 1913 löste eine innenpolitische Krise im Deutschen Kaiserreich aus, zu dem das Elsass bis Ende des Ersten Weltkriegs gehörte. Ein preußischer Leutnant hatte in der Garnisonsstadt die elsässische Bevölkerung beleidigt und sie als »Wackes« (abwertend für Elsässer und Synonym für Strolch) bezeichnet, die man im Konfliktfall auch erstechen könne. Die folgende öffentliche Empörung der Elsässer und Willküräkte seitens der Armee lösten eine Staatskrise aus. Die Affäre belastete nicht nur das Verhältnis zwischen dem Reichsland Elsass-Loth-ringen und dem übrigen Deutschen Reich schwer, sondern führte auch zum ersten Missbilligungsvotum in der deutschen Geschichte gegen einen Reichskanzler.

INFORMATIONEN

Heliodome
Cosswiller • 10, rue du Diebach • Tel. 03 88 87 09 66 • www.heliodome.com • Zufahrt auf das Gelände frei

Château des Rohan
Saverne • Place du Général de Gaulle • Tel. 03 88 91 06 28 • Mitte Juni–Mitte Sept. Mi–Mo 10–12, 14–18 Uhr, sonst unter der Woche kürzer • Eintritt 3,10 €, Kinder 1,20 €

Wingen-sur-Moder und Meisenthal – Im Land der Kristall- und Glaskünstler

Charakteristik: Das Musée Lalique in Wingen-sur-Moder präsentiert die Kreationen aus Glas und Kristall des großen Jugendstil-Künstlers, der Ort Meisenthal hat ebenfalls ein Glas- und Kristallmuseum und bietet die Gelegenheit, Glasbläsern bei der Arbeit zuzuschauen **Anfahrt:** Wingen-sur-Moder liegt rund 65 km von Straßburg entfernt. Nehmen Sie die A35, A4 Richtung Nancy bis zur Ausfahrt 46, Hochfelden, und folgen Sie den Schildern zuerst nach Bouxwiller, dann nach Inwiller, von dort ist Wingen-sur-Moder ausgeschildert, Meisenthal liegt nur wenige Kilometer entfernt. **Dauer:** Tagesausflug **Einkehrtipp:** Café-Restaurant Crista'Lion im Musée Lalique, Tel. 03 88 02 54 04 € **Auskunft:** Office de Tourisme du Pays de La Petite Pierre, 2a, rue du Château, La Petite Pierre, Tel. 03 88 70 42 30, www.ot-paysdela petitepierre.com • Office de Tourisme du Pays de Bitche, 2, avenue du Général de Gaulle, 57230 Bitche, Tel. 03 87 06 16 16, www.tourisme-paysbitche.fr
Karte ▸ S. 99, b 1

Die Glas- und Kristallherstellung besitzt eine jahrhundertealte Tradition im Nordelsass und im benachbarten Lothringen. An mehreren Standorten der Region wird dieses alte Handwerk bis heute fortgeführt. In alteingesessenen Betrieben können Besucher die Herstellungsprozesse kennenlernen und die kunstvollen Ergebnisse bestaunen.

Laliques Poesie in Glas
René Lalique, ein Meister des Jugendstils, wird vor allem in seinem Heimatland Frankreich und in Japan

Das Unternehmen von Lalique (▸ S. 104) ist eine von mehreren Produktionsstätten in der Region, die die alte Tradition der Glasherstellung kunstvoll fortführen.

hoch verehrt. Er wurde 1860 in der Champagne geboren und richtete Anfang des 20. Jh. als bereits bekannter Künstler die Produktionsstätte in Wingen-sur-Moder ein. Seinem Schaffen ist das **Musée Lalique** gewidmet, das 2011 seine Pforten öffnete. 700 Exponate aus Kristall und Glas locken pro Jahr rund 160 000 Besucher in die modern gestalteten Ausstellungsräume. Einen besonderen Schwerpunkt in der Sammlung nehmen 230 beeindruckende Flakons und Puderdosen ein. Mit den kunstvoll gearbeiteten Flakons kreierte Lalique für die jeweiligen Parfümhersteller ein unverwechselbares Design. Davor wurden die duftenden Essenzen schlicht in Apothekerflaschen abgefüllt. Inspiriert inbesondere von den Formen der Tier- und Pflanzenwelt sowie des weiblichen Körpers, schuf er daneben Schmuck, Vasen, Skulpturen

und Tafelaufsätze, u. a. für die Königin von England. Auch für den Orient-Express und Ozeandampfer war er tätig. In der Glaskunst revolutionierte er die technischen und industriellen Fertigungsweisen.

Glaskunst zwischen Tradition und Moderne

Auf eine noch längere Tradition blickt man in **Meisenthal**, mit dem Auto ca. 10 Min. von Wingen-sur-Moder entfernt, wo seit 1858 die mundgeblasenen Kugeln für den Weihnachtsbaum der Stadt Straßburg hergestellt werden. Auf dem Gelände der Glashütte Meisenthal, die seit 1704 produziert, befinden sich das **Musée du Verre et du Cristal** und das **Centre International d'Art Verrier**. Das Museum zeigt eine umfangreiche Ausstellung mit Jugendstil-Objekten, vor allem von Émile Gallé, einem weiteren großen Glaskünstler des Art nouveau. Im

benachbarten Zentrum der Glaskunst können Besucher von einer
Empore aus den Glasbläsern bei ihrer schweißtreibenden Tätigkeit zu-
schauen. Völlig ruhig, aber hoch
konzentriert greift ein Rädchen ins
nächste. Schnell der Kugel noch eine
Krone aufgesetzt, schon kommt bereits das nächste funkelnde Oval aus
dem Ofen. Anmutig schimmert das
tiefrote Kunstwerk in warmen Farben und wird wohl bald einer Tanne
einen festlichen Anstrich verleihen.
Im Verkaufsraum der Manufaktur
gibt es die kleinen Kunstwerke in
allerlei Varianten auch zu kaufen.
In der großen **Halle Verrière** daneben finden Ausstellungen zeitgenössischer Künstler und Konzerte statt.

INFORMATIONEN

Musée Lalique

Wingen-sur-Moder • 40, rue du Hochburg • Tel. 03 88 89 08 14 • www.
musee-lalique.com • Feb.,März, Okt.,
Nov. Di–So 10–18, April–Sept., Dez.
tgl. 10–19 Uhr, 1. Jan., 25. Dez. geschl.
• Eintritt 6 €, erm. 3 €, Familienkarte
14 €, berechtigt zum ermäßigten Ein-
trittspreis in Meisenthal

Musée du Verre et du Cristal

Meisenthal • Place Robert Schumann •
Tel. 03 87 96 91 51 • www.ciav-meisen
thal.fr • Ostern–Ende Okt. Mi–Mo 14–
18, Anfang Nov.–Ende Dez. 14–17 Uhr •
Eintritt 6 €, erm. 3 €, Familienkarte
14 €, berechtigt zum ermäßigten Ein-
trittspreis im Musée Lalique

Im elsässischen Urwald –
Die Petite Camargue Alsacienne 👫

Charakteristik: Das Naturschutzgebiet erstreckt sich über idyllische Auenlandschaft und ist die Heimat vieler seltener Tiere **Anfahrt:** Die Petite Camargue Alsacienne liegt rund 130 km südlich von Straßburg zwischen Saint-Louis und Rosenau
im südlichen Elsass (an der Schweizer Grenze). Zu erreichen über die A35 Richtung
Mulhouse und Basel. An der Ausfahrt 35, Bartenheim, verlassen Sie die Autobahn,
von dort ist das Naturschutzgebiet ausgeschildert **Dauer:** Tagesausflug **Einkehrtipp:** Restaurant Au Tilleul, 16, rue du Maréchal de Lattre de Tassigny, 68300
Saint-Louis, Tel. 03 89 70 12 62, www.restaurant-tilleul.com € **Auskunft:** Office
de Tourisme du Pays de Saint-Louis, 81 rue Vauban, 68128 Village-Neuf, Tel. 03 89
70 04 49, www.saintlouis-tourisme.com
Karte ▶ S. 99, südl. a 6

Ganz im Süden des Elsass erstreckt
sich im Dreiländereck Frankreich-
Schweiz-Deutschland ein 900 ha
großes, artenreiches Biotop aus
Feucht- und Trockengebieten in ur-
waldgleicher Auenlandschaft: die
Petite Camargue Alsacienne. Zahllose Tier- und Pflanzenarten sind in

dem Naturschutzgebiet zu finden –
rund 40 Libellen- und 170 Vogelar-
ten, über die Hälfte davon Brutvögel,
30 Säugetierspezies, von Zwergmäu-
sen über Dachse bis zu Rehen und
Wildschweinen, dazu 15 Arten von
Amphibien, vom Kammmolch bis
zum Laubfrosch. Auch die Flora ist

vielfältig und reicht von 40 Baumarten und verschiedenen Gräsern bis zu 15 Orchideenarten und prächtigen Blühpflanzen wie der geschützten Sibirischen Schwertlilie und der Sumpfgladiole. Für die Landschaftspflege kommen schottische Hochlandrinder zum Einsatz. Sie grasen die Wiesen auf natürliche Weise ab und verhindern so eine Verbuschung der Landschaft.

Erkunden kann man diesen einzigartigen Naturraum auf sieben **Spazier- und Wanderwegen** zwischen 300 m und 3 km Länge, die z. T. mit Beobachtungsständen ausgestattet sind. Eine Infobroschüre dazu ist im Park in der Maison Éclusière (dem alten Schleusenhaus) oder in der zentralen Boutique NatuRh'Info erhältlich. Dort finden Sie neben dem Centre d'Initiation à la Nature et à l'Environnement (Naturhaus), das speziell Programme für Kinder anbietet, auch zwei **Ausstellungen**: eine über die Naturlandschaft am Rhein, die andere über die Lachszucht. Letzteres nicht ohne Grund, denn das Naturschutzgebiet ist aus der 1852 gegründeten »Kaiserlichen Fischzucht-Anstalt von Hüningen« hervorgegangen, deren ehemaliges Hauptgebäude im Chalet-Stil noch heute imposant ist.

Abstecher nach Mulhouse und Rixheim

Auf der Rückfahrt bietet sich ein Besuch in **Mulhouse** an. Die zweitgrößte Stadt des Elsass ist bekannt für ihre bemerkenswerten Museen zur Industriegeschichte, allen voran die fabelhafte **Cité de l' Automobile** mit einer beeindruckenden Bugatti-Kollektion der Brüder Schlumpf. Was man hier zu sehen bekommt, lässt nicht nur die Augen eingefleischter Autoenthusiasten glänzen, denn das Ambiente ist in der jeweiligen Epoche der ausgestellten Oldtimer gestaltet und wirkt wie eine Zeitkapsel. In der großen Halle stehen auf mehr als 17 000 qm in Jugendstil-Architektur in chronologischer Anordnung Automobile von 1878 bis in die Gegenwart: ganz frühe Automobile, die noch die Merkmale von Kutschen aufweisen, frühe Modelle von Mercedes-Benz, Citroën, Ford T (»Tin Lizzy«) oder unkonventionelle Vehikel mit kleineren Produktionszahlen wie das stromlinienförmige und 7 m lange Cabrio Arzens La Baleine (1938) – und natürlich zahlreiche Bugatti. Hinter der Sammlung verbirgt sich eine skurrile Familiengeschichte der Gebrüder Schlumpf, einst Textil-Barone, welche immense Summen in ihre Bugatti-Sammlung steckten, während ihre Fabriken pleite gingen. An Wochenenden finden spezielle 45 Minuten lange Vorführungen, betitelt »Sur Piste«, auf dem Gelände des angegliederten Autodroms statt.

In die Welt der Bildtapeten entführt das **Musée du Papier Peint** in **Rixheim**, keine 7 km östlich von Mulhouse. Es ist das einzige derartige Museum weltweit. Vornehmlich Tapeten der Manufaktur Zuber aus dem Sundgau, die zu den führenden Produzenten Frankreichs über die Jahrhunderte zählte, sind zu sehen. Hier erfährt man einiges über die Historie der Wandbekleidung ab dem 17. bis Mitte des 19. Jh. Die berühmten Panoramatapeten waren einst für eine solvente Klientel bestimmt. Großflächige Bildlandschaften mit unzähligen Details machten aus einem Raum ein echtes Panoptikum. Ansichten von Nordamerika

Hinter der Glasfront der Cité de l'Automobile (▸ S. 106), des größten Automuseums der Welt, erwarten Sie 400 Modelle von den Anfängen bis in die Gegenwart.

oder Hindustan entfalteten sich in schicken Salons – koloniale Bilderwelten für Aristokraten und das gut betuchte Bürgertum.

INFORMATIONEN
La Petite Camargue Alsacienne
Saint-Louis • 1, rue de la Pisciculture • Tel. 03 89 89 78 50 • www.petite camarguealsacienne.com • ganzjährig geöffnet • Eintritt frei, Ausstellungen (beide zusammen) 5 €, erm. 4 €, Kinder 3 €

Cité de l'Automobile
Mulhouse • 15, rue de l'èpée • Tel. 03 89 33 23 23 • www.citede lautomobile.com • tgl. 11. April–1. Nov. 10–18, sonst bis 17 Uhr • Eintritt 11,50 €, erm. 9 €, mit Show 14,50 €, erm. 11 €

Musée du Papier Peint
Rixheim • 28, rue Zuber • Tel. 03 89 64 24 56 • www.museepapierpeint.org • Mi–Mo 10–12, 14–18 Uhr • Eintritt 8 €, erm. 5 €

Die Silbermine von Sainte-Marie-aux-Mines – Abstieg in die Unterwelt 👫

Charakteristik: Erkundung eines stillgelegten Bergwerks in den Vogesen und faszinierende Einblicke in die Arbeit der Bergleute des 16. Jh. **Anfahrt:** Sainte-Marie-aux-Mines liegt rund 75 km südwestlich von Straßburg. Nehmen Sie die A35 nach Süden in Richtung Colmar. An der Ausfahrt 17 (Sainte-Marie-aux-Mines ist ausgeschildert) verlassen Sie die Autobahn und wechseln auf die N59. Von nun an müssen Sie nur noch den Schildern folgen. In Sainte-Marie-aux-Mines folgen Sie den Schildern Richtung Zentrum, dann Richtung Col des Bagenelles, bis Ihnen die Schilder »Tellure« den Weg zur Mine weisen. Der Parc Tellure liegt etwas außerhalb des Orts an der D48 **Dauer:** Tagesausflug **Einkehrtipp:** Restaurant La Mine d'Artgens, 40–42, rue Wilson, 68160 Sainte-Marie-aux-Mines, Tel. 03 89 58 51 79 €€ **Auskunft:** Office de Tourisme du Val d'Argent et de Sainte-Marie-aux-Mines, 86, rue Wilson, 68160 Sainte-Marie-aux-Mines, Tel. 03 89 58 80 50, www.valdargent-tourisme.fr

Karte ▶ S. 99, a 6

Es ist dunkel, es ist feucht – und vor allem ist es sehr eng. Wer sich auf Minen-Erkundung in den Bergbau-Themenpark **Tellure** bei Sainte-Marie-aux-Mines begibt, darf nicht klaustrophobisch veranlagt sein.

Alte Tradition mit Vorzügen ...

Ab dem Jahr 1549 wurden im Bergwerk Saint-Jean Engelsbourg und in anderen Minen in der Umgebung Silber geschürft und Minerale aus dem Stein gehauen. Nicht umsonst heißt das Tal um Sainte-Marie-aux-Mines »Val d'argent« (Silbertal). Für die Vielfalt und die Qualität seiner Kristalle ist die Region weltweit bekannt. Jedes Jahr findet hier Ende Juni die größte Mineralien-Börse Europas statt. Der Abbau von Silbererz hat eine jahrhundertelange Tradition in der elsässischen Gemeinde. Und die Bergwerksarbeiter waren damals durchaus privilegiert und konnten sich über viele Vorzüge freuen. Ihnen war z. B. gestattet, in den angrenzenden Wäldern zu jagen und in den Seen zu fischen. Sie waren von Steuern befreit und erhielten für damalige Verhältnisse einen sehr guten Lohn. Sogar eine Krankenversicherung gab es eigens für sie.

... und Nachteilen

Sehr viel hatten sie allerdings nicht davon. Die Lebenserwartung der Minenarbeiter betrug nur rund 45 Jahre. Das Tagewerk war schwerste Knochenarbeit. Im 16. Jh. kamen die Arbeiter mit der Spitzhacke zwischen zwei und fünf Zentimeter täglich voran. Damals arbeiteten in der Mine Tausende Wasserzieher, Steinklopfer und Grubenwagenläufer. Im 17. Jh. wurde vor allem Kupfer für den Bau von Kanonen benötigt. Im 18. Jh. erleichterte Schwarzpulver, im 19. Jh. Dynamit, das Vorankommen.

Abenteuer Bergwerk

Die Mine Saint-Jean Engelsbourg umfasst ein Netz aus Tunneln und Stollen von mehreren Kilometern Länge, das bis 200 m unter die Erde reicht. 1937 war es hier vorbei mit der Montanindustrie, der Berg war ausgebeutet. 2009 öffnete der Parc Tellure als aufwendig gestaltetes Schaubergwerk, um dieses Erbe lebendig zu halten. Besucher empfängt ein modern aufbereiteter Komplex mit Museum und Dokumentationszentrum, Filmvorführungen, 3-D-Animationen, Restaurant, Museumsladen mit Mineraliensammlung und dem eigentlichen Highlight: dem Bergwerk. Neben der normalen Führung, die auf einer Länge von 800 m durch kühle Stollen führt, werden spezielle Stollentouren (90 Min.– 6 Std.) angeboten, bei denen man mit Helmlampe und Seil ausgerüstet unter professioneller Leitung noch tiefer in das alte Bergwerk vordringt.

Randnotiz der Geschichte

In Sainte-Marie-aux-Mines lebte Anfang des 18. Jh. der Mennonitenprediger Jakob Ammann. Seine Haltung zu der Frage, wie die Mennoniten den wahren Glauben leben sollten, kulminierte in der Spaltung der Mennoniten und der Bildung der Gemeinde Jakob Ammanns, die als »ammanschen Leute« oder Amische strengeren Regeln folgten. Viele von ihnen lebten im Elsass, bevor sie später aufgrund von Verfolgung in die USA auswanderten.

INFORMATIONEN

Parc Tellure
Sainte-Marie-aux-Mines • Lieu-dit Tellure • Tel. 03 89 49 98 30 • www.tellure.eu • März–Juni, Sept.–Nov. Di–So 10–18, Juli, Aug. tgl. 10–19 Uhr • Eintritt Museum 8 €, inkl. Minenbesichtigung 12 €, erm. 9 €, längere geführte Rundgänge für Kinder ab 8 Jahren, z. T. mit Abseilen, ab 20 € • Audioguides auf Deutsch sind erhältlich

Eine spannende Entdeckungstour in die Unterwelt verspricht ein Besuch im Parc Tellure (▶ S. 108), einer Silbermine aus dem 16. Jh. in Sainte-Marie-aux-Mines.

Hinter der 2007 vorgebauten Glashülle verbirgt sich der denkmalgeschützte Hauptbahnhof Straßburgs (▶ S. 69).

Wissenswertes über
Straßburg

Nützliche Informationen für einen gelungenen Aufenthalt: Fakten
über Land, Leute und Geschichte sowie Reisepraktisches von A bis Z.

Auf einen Blick

Mehr erfahren über Straßburg – Informationen über die Stadt und ihre Bewohner, von Bevölkerung und Geografie über Medien und Politik bis zu Sprache und Wirtschaft.

Amtssprache: Französisch
Bevölkerung: 87 % Franzosen, 13 % Ausländer
Einwohner: 275 000
Fläche: 78 qkm
Internet: www.otstrasbourg.fr/de
Religion: überwiegend katholisch
Verwaltung: Straßburg ist Hauptstadt der Region Elsass mit den Départements Haut-Rhin und Bas-Rhin. Die Stadt ist in 15 Quartiers (Stadtteile) gegliedert
Währung: Euro

Bevölkerung

Straßburg ist mit 275 000 Einwohnern die größte Stadt im Elsass und die siebtgrößte Stadt Frankreichs.

Unter dem ausländischen Bevölkerungsanteil stellen EU-Europäer mit rund 30 % den größten Teil, gefolgt von den nordafrikanischen Ländern Algerien, Marokko und Tunesien mit 22 %. Rund 43 000 Studenten leben in der Europa-Metropole, das entspricht etwa 16 % der Gesamtbevölkerung.

Lage und Geografie

Straßburg liegt am Oberrhein zwischen Schwarzwald und Vogesen. Auf der von den Flussarmen der Ill umflossenen Grande Île erstreckt sich die historische Altstadt. Die östlichen Stadtteile mit dem Hafen

◄ Abkühlung auf der Place du Château, im Hintergrund die Cathédrale Notre-Dame (► MERIAN TopTen, S. 59)

grenzen an den Rhein. Gegenüber auf deutscher Seite liegt die badische Stadt Kehl. Beide Städte gehören dem grenzüberschreitenden Eurodistrikt Strasbourg-Ortenau an, der 2005 gegründet wurde.

Medien
In Straßburg erscheint die Tageszeitung »Dernières Nouvelles d'Alsace«, kurz DNA (www.dna.fr). Die Zeitung, die bis in die 1960er-Jahre auf Deutsch erschien, wird mittlerweile in französischer Sprache verlegt. Bis 2012 war die Ausgabe noch zweisprachig. Seitdem gibt es lediglich noch eine deutschsprachige Beilage mit Agenturnachrichten im hinteren Teil. Die Auflage beträgt rund 180 000 Exemplare.
Seit 1992 hat der deutsch-französische Kulturkanal arte, der in 165 Mio. Haushalten in Frankreich, Deutschland, Österreich und der Schweiz zu empfangen ist, seinen Hauptsitz am Ill-Ufer nahe den großen europäischen Institutionen.

Politik und Verwaltung
Straßburg ist Sitz des Europäischen Parlaments, des Europäischen Gerichtshofs für Menschenrechte und des Europarats. Hier ist außerdem die École nationale d'administration (ENA) angesiedelt, die als Kaderschmiede für Politiker und hohe Verwaltungsbeamte gilt. Seit 2008 ist der Sozialist Roland Ries als Bürgermeister im Amt, seit 2014 ist er außerdem Präsident des Eurodistrikts Strasbourg-Ortenau. 2012 wurde Straßburg Teil der trinationalen Metropolregion Oberrhein, eines Verbunds der Regionen Elsass, Nordwest-Schweiz, Südpfalz und Baden, der die Zusammenarbeit auf den Gebieten der Wirtschaft, Wissenschaft, Politik und Zivilgesellschaft stärken und vereinfachen will.

Religion
Der Großteil der Einwohner Straßburgs ist katholisch, etwa ein Viertel ist protestantisch. Während der Reformation spielte die Bistumsstadt eine wichtige Rolle. Straßburg besitzt eine der größten jüdischen Gemeinden Frankreichs (ca. 20 000 Mitglieder). 2012 erhielt die moslemische Gemeinde (im Großraum geschätzt 40 000–60 000 Gläubige) mit dem Bau der Grande Mosquée ein imposantes neues Gotteshaus, im selben Jahr wurde hier der erste moslemische Friedhof Frankreichs angelegt.

Sprache
Alltags- und Umgangssprache ist Französisch, vor allem die ältere Generation spricht aber auch noch die lokale Mundart des Elsässischen.

Wirtschaft
Straßburg ist ein wichtiges Tourismuszentrum im Osten Frankreichs. Die Übernachtungszahlen belaufen sich auf rund 6,5 Mio. pro Jahr. In der Wirtschaftsleistung rangiert das Elsass auf Platz 22 von 254 EU-Regionen. Der Großraum Straßburg gilt als das drittgrößte Forschungszentrum Frankreichs, die Universität ist eine der größten des Landes. Darüber hinaus besitzt Straßburg den zweitgrößten Binnenhafen Frankreichs mit rund 13 000 Beschäftigten. Die Arbeitslosenzahlen liegen unter dem Landesdurchschnitt.

Geschichte

12 v. Chr
Die Römer richten am Standort Argentoratum ein Militärlager ein.

496
Anschluss Argentoratums an das Frankenreich Clodwigs. Aus Argentoratum wird Strateburgum, »Burg an den Straßen«.

842
Mit den »Straßburger Eiden« schließen Karl der Kahle und Ludwig der Deutsche einen Bündnisvertrag gegen ihren Bruder Lothar.

925
Straßburg und das Elsass werden Teil des Herzogtums Schwaben und damit Teil des Heiligen Römischen Reiches Deutscher Nation.

1015
Unter Bischof Wernher von Habsburg wird mit dem Bau des Münsters begonnen.

1254
Straßburg wird Mitglied des Rheinischen Städtebundes und Freie Reichsstadt.

15./16. Jh.
Straßburg wird dank der Erfindung Gutenbergs zu einem Zentrum des Buchdrucks und zu einer Hochburg der Reformation.

1605
Mit der »Rélation« erscheint die erste gedruckte Zeitung der Welt.

1621
Gründung der Universität.

1648
Durch den Westfälischen Frieden fällt das Elsass mit Ausnahme von Straßburg und Mühlhausen der französischen Krone zu.

1681
Der französische Sonnenkönig Ludwig XIV. annektiert Straßburg.

1792
Rouget de Lisle komponiert die »Marseillaise« in Straßburg.

1870
Kapitulation Straßburgs nach der preußischen Belagerung im Deutsch-Französischen Krieg 1870/71. Elsass und Teile Lothringens fallen an das Deutsche Reich.

1918
Nach dem Ersten Weltkrieg wird Straßburg wieder französisch.

1940
Annektierung des Elsass durch das NS-Regime.

1944
Befreiung Straßburgs von den Nazis durch die Division unter Général Leclerc.

1949
Straßburg wird Sitz des
Europarats.

1958
Die Stadt wird Hauptsitz des
Europäischen Parlaments.

1959
Der Europäische Gerichtshof für
Menschenrechte wird gegründet.

1992
Die nationale Elite-Hochschule
für Politiker und Verwaltungsbeamte, ENA, zieht von Paris nach
Straßburg.

1992
Der deutsch-französische Kulturkanal arte siedelt sich an.

1994
Wiedereinführung der Straßen-
bahn. Das Tramnetz zählt zu den
größten Frankreichs.

1999
Der Neubau des Europäischen
Parlaments mit Platz für 750 Par-
lamentarier wird eingeweiht.

2002
Straßburg und Kehl feiern eine
erste gemeinsame Gartenschau.

2005
Gründung des Eurodistrikts
Strasbourg-Ortenau.

2007
Straßburg wird an das Hochgeschwindigkeitsnetz der Bahn
angebunden.

2008
Stadterweiterung: Das Einkaufszentrum Rivetoile öffnet auf der
einstigen Industriebrache am
Bassin d'Austerlitz.

2008
Die futuristische Konzerthalle
Zenith öffnet ihre Pforten.

2013
Das Referendum über die Zusam-
menlegung der Verwaltungen
der Départements Bas-Rhin und
Haut-Rhin scheitert.

2014
Die Pariser Zentralregierung plant,
die Regionen Elsass, Lothringen
und Champagne-Ardenne zu
fusionieren. Straßburg soll Hauptstadt des neuen Départements in
Ost-Frankreich werden. Im Elsass
regen sich Proteste und es kommt
zu ersten Demonstrationen.

2014
Papst Franziskus besucht die Stadt
und hält eine Rede im Europäischen Parlament.

2015
Das Münster feiert seinen
1000. Geburtstag.

Reisepraktisches von A–Z

ANREISE

MIT DEM AUTO

Straßburg liegt rund 85 km von Karlsruhe, 160 km von Stuttgart, 80 km von Freiburg und 140 km von Basel entfernt. Von Deutschland kommend erfolgt die bequemste Anreise über die Autobahn A5 Karlsruhe–Basel bis zur Ausfahrt 54, Appenweier, und dann über die B28 Richtung Kehl und über die Europabrücke auf die andere Seite des Rheins. Als Alternativroute zur stark befahrenen A5 empfiehlt sich bei Anreise aus dem Norden der Rheinübergang Iffezheim/Gambsheim nahe der Ausfahrt 51, Baden-Baden, über die B500 und auf französischer Seite dann weiter über die A35.

Von Basel führt die kürzeste Verbindung nach Straßburg über die A35, nur unwesentlich länger ist die Anfahrt über die A5 bis Ottmarsheim, 30 km südlich von Freiburg) und dann hinüber nach Mulhouse und weiter auf der A35 nach Norden.

MIT DER BAHN

Straßburg ist ein wichtiger Verkehrsknotenpunkt im Osten des Landes und an das Hochgeschwindigkeitsnetz des TGV angeschlossen, das inzwischen auch bis nach Deutschland reicht. Von München besteht tgl. eine direkte Verbindung in 3 ¾ Std. via Stuttgart, von wo ansonsten mehrere TGV tgl. Straßburg ansteuern (Fahrtzeit 1 ¼ Std.). Auch von Frankfurt am Main besteht eine tgl. Direktverbindung (in 2 ½ Std.), ansonsten mit Umstieg in Mannheim oder Karlsruhe.

Von Basel in der Schweiz verkehren zahlreiche Züge tgl. in 1 ¼ Std. nach Straßburg, von Zürich kommend müssen Sie in Basel umsteigen und benötigen rund 2 ½ Std.

Komplizierter und langwieriger ist die Anreise per Bahn von Österreich. Bei Abreise aus Wien ist mind. einmal Umsteigen in Deutschland erforderlich und die Fahrzeit beträgt zwischen 9 ¼ und 10 ½ Std. Gleiches gilt für die Abfahrtsbahnhöfe Linz (8–9 ½ Std. für die kürzeste Verbindung) und Salzburg (5 ¾ Std.).

Der **Gare de Strasbourg**, der Hauptbahnhof, liegt zentral etwas östlich der Grande Île. Er ist durch Busse und Tramlinien an den öffentlichen Nahverkehr angebunden, auch Taxis finden Sie dort. Zu Fuß sind es vom Bahnhof in die Altstadt ca. 10 Min.

MIT DEM FLUGZEUG

Der relativ überschaubare **Aéroport de Strasbourg** (Tel. 03 88 64 67 67, www.strasbourg.aeroport.fr) liegt in Entzheim, etwa 15 km südwestlich des Stadtzentrums. Er bedient überwiegend Inlandsziele, von Deutschland, Österreich und der Schweiz bestehen keine Direktverbindungen. In der Regel muss in Paris, Brüssel oder Amsterdam umgestiegen werden.

Vom Flughafen besteht eine bequeme Verbindung in die Stadt per **Pendelzug**, der bis zu viermal stdl. verkehrt und für die Strecke zum Hauptbahnhof nur 9 Min. benötigt; Fahrpreis 2,60 €, mit Weiterfahrt in Bus oder Tram in Straßburg 4,10 €.

AUSKUNFT

IN DEUTSCHLAND

Atout France

Postfach 100 128 • 60001 Frankfurt am Main • de.rendezvousenfrance.

com • info.de@rendezvousenfrance.
com • Fax 069/74 55 56 • Atout
France, die französische Zentrale für
Tourismus, versendet Infomaterial
auf Bestellung per Fax, Post oder
E-Mail, ein Büro mit Publikumsver-
kehr gibt es nicht mehr

IN ÖSTERREICH
Atout France
Wien • Tel. 01/5 03 28 92 (Mo–Fr
9–16 Uhr) • at.rendezvousenfrance.
com/de • info.at@rendezvousen
france.com

IN DER SCHWEIZ
Atout France
Zürich • Tel. 044/2 17 46 00 •
ch.rendezvousenfrance.com/de •
info.ch@rendezvousenfrance.com

IN STRASSBURG
Office de Tourisme
Centre • 17, place de la Cathédrale •
Tel. 03 88 52 28 28 • www.otstras-
bourg.fr • tgl. 9–19 Uhr
Zweigstellen gibt es im TGV-Bahnhof
(Gare, Mo–Sa 9–19 Uhr) und im
Parc de l'Étoile (Neudorf, April–Dez.
Mo–Sa 9–12.30, 13.30–17 Uhr)

BUCHTIPPS
**Petra van Cronenburg: Elsass: Wo
der Zander am liebsten im Riesling
schwimmt** (Insel, 2013) Auf ver-
schlungenen Wegen wandelt die
Autorin durch die vielfältige Landschaft und Lebensart im Elsass. Der
Leser erfährt von keltischen Mythen,
alten Pilgerstätten und kann unter
anderem das winterliche Straßburg
neu für sich entdecken. Die Kulina-
rik wird besonders in den Fokus ge-
rückt. Mit etlichen Rezepten hat Petra van Cronenburg den Reiseband
ihrer Wahlheimat bereichert: von

Lebkucheneis und Mandeltarte bis
zu Wildschwein in Hagebuttensauce
und – natürlich – Zander auf Ries-
lingsauce.
**Martin Graff: Leben wie Gott im
Elsass. Deutsche Fantasien** (Klöp-
fer & Meyer, 2012) Der elsässische
Autor Martin Graff nennt sich
selbst »Gedankenschmuggler« und
berichtet fachkundig und mei-
nungsstark über das Leben westlich
des Rheins. Er porträtiert in seinem
Buch liebevoll bis bissig Deutsche,
die »irgendetwas« mit dem Elsass zu
tun haben oder zu tun haben wollen,
etwa als Tourist, Wirtschaftsboss,
Künstler, Koch, Weinhändler oder
Philosoph. Das macht er in 48 Kapi-
teln: einem Kaleidoskop aus Annä-
herungen, Liebeserklärungen oder
Zuschreibungen – und das alles
aus der Sicht eines überzeugten Eu-
ropäers.
**Rainer Stephan: Gebrauchsanwei-
sung für das Elsass** (Piper, 2007) Ein
Buch, das sehr gut in die Mentalität
der Menschen im Elsass einführt.
Der Autor ist selbst gebürtiger Elsässer und versteht es wunderbar, mit
leicht ironischem Unterton über die
Lebensart zwischen Vogesen und
Rhein zu berichten. Rainer Stephan
führt den Leser abseits der üblichen
Touristikrouten genau dorthin, wo
sich noch manch echte Entdeckung
machen lässt. Kulinarisches, Historisches und Kurioses kommen nicht
zu kurz. Der Autor schreibt auch für
die »Süddeutsche Zeitung«.
**Stefan Woltersdorff: Straßburg für
Leser – ein literarischer Führer**
(Morstadt, 2000) Sehr kenntnisreich
führt Woltersdorff durch die einstige
Reichsstadt und lädt zur »literari-
schen Spurensuche« ein. Die behan-
delte Bandbreite reicht von Schau-

plätzen revolutionärer Wirren, dem Studienort von Johann Wolfgang von Goethe, dem bunten Nationengemisch in der Krutenau bis hin zum wilhelminischen Viertel, dem Quartier Allemand, das nach dem Deutsch-Französischen Krieg errichtet wurde. Abgerundet wird das Buch durch eine Zeittafel und Karten.

Im Handel erhältlich sind außerdem das **MERIAN-Magazin Elsass** (2014) und **Der grüne Reiseführer Elsass-Lothringen** von MICHELIN (TRAVEL HOUSE MEDIA, 2015)

DIPLOMATISCHE VERTRETUNGEN
Generalkonsulat der Bundesrepublik Deutschland
Allemand • 6, quai Mullenheim • Tel. 03 88 24 67 00 • www.strass burg.diplo.de

Generalkonsulat der Republik Österreich
Allemand • 29, avenue de la Paix • Tel. 03 88 35 13 94 • www.aussen ministerium.at/strassburggk

Generalkonsulat der Schweiz
Orangerie • 23, rue Herder • Tel. 03 88 35 00 70 • www.eda.admin.ch/ strasbourg

FEIERTAGE
1. Jan. Jour de l'An (Neujahr)
Vendredi Saint (Karfreitag)
Lundi de Pâques (Ostermontag)
1. Mai Fête du Travail (Tag der Arbeit)
8. Mai Fête de la Victoire (Ende des Zweiten Weltkriegs)
Asencion (Christi Himmelfahrt)
Lundi de Pentecôte (Pfingstmontag)
14. Juli Fête Nationale Française (Nationalfeiertag, Erstürmung der Bastille)

15. Aug. Assomption (Mariä Himmelfahrt)
1. Nov. Toussaint (Allerheiligen)
11. Nov. Armistice de 1918 (Waffenstillstand und Ende des Ersten Weltkriegs)
25. Dez. Noël (Weihnachten)
26. Dez. St. Etienne

FESTE UND EVENTS
MÄRZ
Biennale Internationale Corps-Objet-Image – »Les Giboulées« 🎭🎭
Alle zwei Jahre im März dreht sich zehn Tage lang alles um das Figurentheater. Auf zehn Bühnen zeigen Ensembles aus ganz Europa ihr Können und präsentieren von traditionellem Marionettenspiel bis hin zu zeitgenössischen genreübergreifenden Performances die Vielfalt dieser Theaterform. Das nächste Festival findet 2016 statt. Hauptveranstalter ist das TJP – Centre Dramatique National d'Alsace Strasbourg – mit zwei Spielstätten.
Centre • TJP Petite Scène • 1, rue du Pont Saint-Martin • Krutenau • TJP Grande Scène • 7, rue des Balayeurs • Tel. 03 88 35 70 10 • www.tjp-stras bourg.com • www.festivalgiboulees. over-blog.com

APRIL
Le Festival des Artefacts
Das alljährlich zwei Wochen im April stattfindende Rockfestival ist das größte seiner Art im Elsass und richtet sich an die Fans von Hardcore-Rock, Underground, Punk, Independent und DJ-Sets. Seit 1996 findet das Festival in der Veranstaltungshalle Zénith (▸ S. 48) und in der Laiterie (▸ S. 48) statt.
www.artefact.org

JUNI
Strasbulles
Die Zeichenkunst genießt in Frankreich hohes Ansehen, und seit 2008 wird Straßburg jedes Jahr an einem Wochenende Anfang Juni bei diesem Comic-Festival zum Epizentrum für Liebhaber von Cartoons und Comics aller Art. Diverse Veranstaltungen und Ausstellungen begleiten das Festival, bei dem sich auch Dutzende Autoren und Zeichner die Ehre geben.
Centre • Place Kléber • ww.strasbulles.com

Theater-Festival Premières
2005 hoben das Straßburger Théâtre National (▸ S. 49) und das Veranstaltungszentrum Le Maillon (▸ S. 49) dieses Theaterfestival für junge europäische Regisseure aus der Taufe. Inzwischen findet es in Kooperation und im Wechsel mit dem Badischen Staatstheater Karlsruhe statt. Neue Inszenierungen und Formen des Theaters stehen im Mittelpunkt. In Straßburg findet das viertägige Festival das nächste Mal 2016 statt.
www.festivalpremieres.eu

JULI/AUGUST
Illuminations de la Cathédrale
Untermalt von eigens zu diesem Zweck komponierter Musik wird die Fassade des Münsters ab Anfang Juli zur Spielfläche eines gigantischen Bild- und Lichttheaters, das den Sakralbau in allen Farben des Regenbogens erstrahlen lässt und die Pracht des Sandsteins und der Skulpturen in beeindruckender Form zur Geltung bringt. Die rund 20-minütige Lichtshow gehört zu den großen Sommerspektakeln der Stadt und wird mehrmals am Abend bis 0.30 Uhr wiederholt. Beginn im Juli 22.30 Uhr, im August etwas früher.
Centre • Place de la Cathédrale

Jeux d'Eau et de Lumières
Ein weiteres kostenloses sommerliches Spektakel sind die Wasserspiele am Bassin d'Austerlitz, die im Verbund mit einer effektvollen Lichtshow und Pyrotechnik von Anfang Juli bis Ende August in das neue Hafenquartier locken. Beginn ist im Juli um 22.30 Uhr, im August um 22 Uhr, Dauer rund 25 Min.
Neudorf • Bassin d'Austerlitz

Places en Fête
Auf verschiedenen Plätzen der Stadt (Place Saint-Thomas, Place des Meuniers, Place Gutenberg, Place du Château, Place d'Austerlitz) werden von Ende Juli bis Ende August immer Do–Sa ab 19 Uhr kostenlose unterhaltsame Programme geboten, von Animationen über Clownvorstellungen bis zu Kleinkunst.
Centre • Petite France • Krutenau

AUGUST
Les Arts dans la Rue
Mitte August verwandeln sich Straßen und Plätze im Zentrum für vier Tage in eine Bühne unterschiedlichster Künstler, die ihr Können als Musiker, Komödianten, Akrobaten und Dichter kostenlos zum Besten geben.
Centre • Petite France

SEPTEMBER
Journées Européennes du Patrimoine
An diesem Wochenende Ende September öffnen historische Gebäude ihre Pforten, die sonst der Öffentlichkeit verschlossen sind.
www.journeesdupatrimoine.fr

Nuits Electroniques de l'Ososphere

Die 1997 ins Leben gerufenen »Elektronischen« Nächte, bei denen bereits Szene-Größen wie Gesaffelstein oder Trentemøller aufgetreten sind, sind ein interdisziplinäres Festival für neue elektronische Musik. Zwei Nächte lang wird rund um die ehemalige Milchfabrik Laiterie (▸ S. 48) Electro Music gespielt.
www.artefact.org/lososphere

SEPTEMBER/OKTOBER
Festival Musica

Dieses renommierte zweiwöchige internationale Festival für zeitgenössische Musik fand erstmals 1983 statt und setzt seinen Schwerpunkt auf Werke klassischer Komponisten aus der zweiten Hälfte des 20. Jh. Regelmäßig wartet es mit großen Namen wie Helmut Lachenmann, Dieter Schnebel, Luigi Nono oder Salvatore Sciarrino auf. Neben kleineren Kompositionen gibt es auch große Opernproduktionen zu sehen. Die Veranstaltungsorte sind über die gesamte Stadt verteilt, zentraler Veranstaltungsort ist die Cité de la Musique et de la Danse (▸ S. 94).
www.festivalmusica.org

NOVEMBER
Jazzdor

Innovatives Jazz-Festival, das längst über die Grenzen Straßburgs hinaus bekannt ist und zwei Wochen lang zu über 30 Konzerten an diversen Veranstaltungsorten lädt.
www.jazzdor.com

Kunstmesse ST'ART

Galeristen aus ganz Europa stellen Ende November auf dem Messegelände in Wacken aus. Junge, moderne und experimentelle Kunst ist ebenso zu sehen wie die klassische Moderne.
Wacken • Parc des Expositions • 7, place Adrien Zeller • www.st-art.fr

NOVEMBER/DEZEMBER
★ Weihnachtsmärkte 🎄👪

Wenn Ende November die Zeit der Weihnachtsmärkte beginnt, macht Straßburg seinem Namen als »Weihnachts-Hauptstadt« alle Ehre. Auf zwölf Plätzen stimmen dann weihnachtlicher Duft und Lichterglanz auf die Festtage ein (▸ S. 79).
www.noel.strasbourg.eu

GELD

Kreditkarten wie American Express, Eurocard, MasterCard oder Visa sind in Frankreich ein verbreitetes Zahlungsmittel.
Banken haben Mo–Fr von 9–12 und 14–17 Uhr geöffnet. Bankautomaten sind reichlich vorhanden. Manche Geschäfte akzeptieren auch Schweizer Franken.

LINKS

www.europarl.europa.eu
Die Website des Europäischen Parlaments mit – bedauerlicherweise sehr unübersichtlichen und recht umständlich aufzurufenden – Informationen über die Organisationsstruktur, Sitzungen, Abgeordnete und aktuelle Themen.
www.jds.fr
Im »Journal des Spectacles« findet sich so gut wie jede Veranstaltung, die irgendwo im Elsass stattfindet. Leider nur auf Französisch.
www.otstrasbourg.fr
Die Onlineseite des Office de Tourisme in Straßburg. Hier erhält man etliche Infos über Sehenswürdigkeiten, aktuelle Veranstaltungen, Öff-

nungszeiten von Museen und Ähnliches, auch auf Deutsch.

www.strasbourg.eu
Der Online-Auftritt der Stadt (auch auf Dt.) enthält viele Infos über die Historie, Sehenswürdigkeiten, 1000 Jahre Münster, aber auch zu Shopping-Möglichkeiten.

www.tourisme67.com
Auf der Seite der Agence de Développement Touristique du Bas-Rhin gibt es eine Reihe nützlicher Broschüren mit sehr ausführlichen Informationen zum Herunterladen, darunter Unterkünfte, einen gastronomischen Führer mit Glossar und eine Broschüre über Parks und Gärten im Elsass.

www.tourisme-alsace.com
Allgemeine Informationen über die Region vom elsässischen Tourismusverband. Die einzelnen Gegenden werden detailliert vorgestellt, dazu gibt es Übernachtungstipps.

MEDIZINISCHE VERSORGUNG
KRANKENVERSICHERUNG
Für EU-Bürger und Schweizer ist die Vorlage einer Europäischen Versicherungskarte (EHIC) ausreichend. Als zusätzlicher Versicherungsschutz empfiehlt sich zudem der Abschluss einer Auslandskrankenversicherung, da diese auch Krankenrücktransporte mitversichert.

KRANKENHAUS
Hôpiteaux Universitaires de Strasbourg C/D 5
Finkwiller • 1, place de l'hôpital • Tel. 03 88 11 67 68 • www.chru-strasbourg.fr

APOTHEKEN
Apotheken haben in der Regel Mo–Sa 9–13 und 14–18.30 Uhr geöffnet. Man erkennt sie am grünen Kreuz. Viele Medikamente sind in Frankreich günstiger als in Deutschland. Im Stadtkern sind Apotheken oft durchgehend geöffnet.

NEBENKOSTEN
1 Tasse Kaffee	2,20–3,60 €
1 Glas Bier	2,50–4 €
1 Glas Cola	2,50–3,50 €
1 Schachtel Zigaretten	6,50–6,90 €
1 Taxifahrt (pro km)	0,77–2,22 €
1 Liter Benzin	1,25 €
Mietwagen/am Tag	80–100 €
1 Baguette	0,60–0,90 €

NOTRUF
Euronotruf: Tel. 112 (Polizei, Feuerwehr, Rettungsdienst)
Medizinische Nothilfe: Tel. 03 88 36 36 36

POST
Briefmarken erhalten Sie in Postämtern oder in Tabak- und Zeitschrif-

Klima (Mittelwerte)	JAN	FEB	MÄR	APR	MAI	JUN	JUL	AUG	SEP	OKT	NOV	DEZ
Tages-temperatur	3	5	11	16	20	23	25	25	21	14	8	4
Nacht-temperatur	-2	-2	1	5	8	12	13	13	11	6	2	-1
Sonnen-stunden	2	2	5	6	7	7	7	7	6	4	2	1
Regentage pro Monat	15	13	12	13	13	14	14	13	12	12	13	14

tenläden. Postkarten und Briefe bis 20 g kosten innerhalb Europas 95 Cent Porto. Die Briefkästen sind gelb. Zentrale Postämter finden Sie am Münster (5, place du Château, Mo–Fr 8.30–18, Sa 8.30–17 Uhr) und nahe der Place Kléber (3A, rue du 22 Novembre, Mo–Fr 9.30–18.30, Sa 9.30–16 Uhr).

REISEDOKUMENTE
Für Deutsche, Schweizer und Österreicher genügt ein gültiger Personalausweis oder Reisepass. Kinder unter 16 Jahren sollten im Pass eines Elternteils eingetragen sein.

REISEKNIGGE
In französischen **Restaurants** ist es unüblich, sich selbst einen Tisch auszusuchen oder sich gar gleich zu platzieren. In der Regel wartet man am Eingangsbereich, bis einem das Servicepersonal einen Tisch zuweist. Der Service im Restaurant ist generell im Preis inbegriffen, es ist jedoch üblich, je nach Zufriedenheit, ein **Trinkgeld** von rund 10 % des Rechnungsbetrags zu geben. Dabei wird allerdings nicht aufgerundet, sondern das Trinkgeld nach dem Bezahlen auf dem Tisch liegen gelassen. Ebenfalls unüblich ist es, eine **Rechnung** zwischen mehreren Personen zu splitten. Vielmehr bezahlt eine Person den Gesamtbetrag, auseinanderrechnen kann man hinterher immer noch. Wenn Sie in einer Gruppe unterwegs sind, sollten Sie sich vor dem Bezahlen absprechen. **Taxifahrer**, ebenso wie aufmerksames **Hotelpersonal**, freuen sich ebenfalls immer über ein Trinkgeld. Auch wenn Straßburg eine Touristenstadt ist und vielerorts Deutsch gesprochen oder zumindest verstanden

wird, sollten Sie so höflich sein und den Besuch eines Restaurants oder Geschäfts mit einem »Bon jour« oder »Bon soir« als Begrüßung beginnen.

REISEZEIT
Die Hauptreisezeit ist von Frühjahr (April) bis Ende September. Vor allem im Juli und August ist die Stadt naturgemäß mit Touristen überfüllt. Auch der Herbst hat seine Vorzüge, richtig kalt ist es dann noch nicht. Besonders reizvoll ist ein Besuch zur Adventszeit, wenn die Weihnachtsmärkte (▸ S. 79) stattfinden.

STRASBOURG PASS UND MUSEUMSPÄSSE
Der Strasbourg Pass ist eine Art Scheckheft, das während seiner Gültigkeitsdauer von drei Tagen zahlreiche Ermäßigungen für ausgewählte Sehenswürdigkeiten bietet. Inklusive im Preis von 16,90 € (Erwachsene) und 8,45 € (Kinder) sind der Besuch eines Museums nach Wahl, der Aufstieg auf das Münster, eine Bootsrundfahrt, die Astrologische Uhr und eine Fahrradausleihe für einen halben Tag. Ermäßigter Eintritt wird u. a. für den Besuch eines zweiten Museums und des Le Vaisseau gewährt. Erhältlich ist der Strasbourg Pass in den Offices de Tourisme (▸ S. 117). Weitere Ermäßigungen bieten der Museumspass für die Straßburger Museen (▸ S. 81) und der Museums-Pass-Musées (▸ S. 82).

STROM
Die Netzspannung in Frankreich beträgt 220 Volt. Normale Stecker von zu Hause passen in der Regel, nur selten ist noch ein Adapter erforderlich.

TELEFON

VORWAHLEN

D, A, CH ▸ Frankreich 0033
Frankreich ▸ D 0049
Frankreich ▸ A 0043
Frankreich ▸ CH 0041

VERKEHR

AUTO

Die Höchstgeschwindigkeit beträgt in Ortschaften 50 km/h, auf Landstraßen 90 km/h, auf Schnellstraßen 110 km/h und auf Autobahnen 130 km/h. Verstöße werden konsequent geahndet, die Bußgelder auch in Deutschland eingezogen. Wer geblitzt wird, bekommt Post aus Rennes (dem französischen Flensburg). Die Strafgelder sind deutlich höher als in Deutschland.

Parkplätze sind in der City rar, empfehlenswert ist daher eines der Parkhäuser (z. B. Place des Halles, Place Kléber, Place Gutenberg), wo das Parken ca. 2 € pro Std. kostet.

FAHRRAD

Straßburg hat sich zu einer echten Radstadt entwickelt. Etliche Straßen der Fußgängerzone darf man mit dem Fahrrad befahren. Die städtische Initiative »Vélhop« verleiht Räder an diversen Standorten. Die Stunde kostet 1 €, der Tag 5 €, die Woche 15 €. Die Kaution beträgt 150 €. Im Stadtgebiet gibt es insgesamt elf Ausleihstationen. Weitere Infos und Bedingungen finden Sie unter www.velhop.strasbourg.eu.

MIETWAGEN

Ein Mietwagen der Mittelklasse kostet rund 100 € pro Tag. Die gängigen Anbieter wie Sixt, Budget, Hertz oder Europcar sind in Straßburg vertreten.

ÖFFENTLICHE VERKEHRSMITTEL

In Straßburg gibt es fünf Straßenbahn- bzw. Tramlinien, daneben gut zwei Dutzend Buslinien. Die Straßenbahnen verkehren zwischen 4.30 und 0.30 Uhr, von Do–Sa werden zwischen 23.30 und 5.30 Uhr zusätzlich Nachtbusse eingesetzt. Die einfache Fahrt kostet innerhalb der Stadt 1,60 €, eine Tageskarte beläuft sich auf 4,30 €, ein Fahrkartenheft mit zehn Einzelfahrscheinen auf 13,20 €. Ausführliche Informationen sowie einen Netzplan und Fahrpläne finden Sie auf der Seite der CTS (Compagnie des Transports Strasbourgeois), www. cts-strasbourg.eu.

TAXI

Taxistände befinden sich an zentralen Plätzen u. a. am Hauptbahnhof und an der Place de la République. Der Fahrpreis beträgt, je nach Tag und Uhrzeit, zwischen 0,77 € und 2,22 € pro gefahrenem Kilometer. Der Grundpreis beträgt 1,90 €.

ZOLL

Reisende aus Deutschland und Österreich dürfen Waren für den privaten Gebrauch abgabenfrei mit nach Hause nehmen. Gewisse Richtmengen sollten jedoch nicht überschritten werden (z. B. 800 Zigaretten, 90 l Wein, 10 kg Kaffee). Weitere Auskünfte erhalten Sie unter www. zoll.de und www.bmf.gv.at/zoll. Reisende aus der Schweiz dürfen Waren im Wert von 300 SFr abgabenfrei mit nach Hause nehmen, wenn diese für den privaten Gebrauch bestimmt sind. Tabakwaren und Alkohol fallen nicht unter diese Wertgrenze und bleiben in gewissen Mengen abgabenfrei (z. B. 200 Zigaretten oder 2 l Wein). Weitere Infos: www.zoll.ch.

Orts- und Sachregister

Wird ein Begriff mehrfach aufgeführt, verweist die **halbfett** gedruckte Zahl auf die Hauptnennung. Abkürzungen: Hotel [H], Restaurant [R]